칠전팔기의 대한민국

이호 지음

# 저자 서문

七顚八起 大韓民國

세계를 휩쓴 몽골 기병의 말발굽이 일곱 번 고려를 짓밟았습니다.
참혹한 전란(戰亂)의 시대에, 당대의 지식인이자 종교인 일연은
〈삼국유사(三國遺事)〉를 지었습니다.
사람이 되고픈 곰이 동굴 속에 들어가
백일 동안이나 마늘과 쑥을 먹습니다.
길고 긴 어둠을 인내하고 쓰디쓴 마늘과 쑥을 견뎌내어
마침내 곰은 아름다운 여인이 됩니다.

일연은 무엇을 말했을까요?
그가 말한 것은 곰이 아니고 웅녀가 아니었습니다.
그것은 꿈이었고 희망이었고 민족의 생명이었습니다.
일곱 번 침략 당했지만 여덟 번째 다시 일어서는
칠전팔기의 민족정신이었습니다.

고난과 어둠과 쓰라림을 겪고도 여전히 살아남은,
아니 고난과 어둠과 쓰라림을 겪어서 더욱 아름다워질 수 있는
우리 민족의 혼(魂)이었습니다.

웅녀가 낳은 단군(檀君)이 도시를 세웁니다.
"아침" 이라는 뜻을 가진 아사달입니다.
어둠을 인내한 웅녀의 아들이
빛으로 가득 찬 아침의 나라를 세웠다고 일연은 말했습니다.
그 어둠의 시대에 찔리고 베이고 병들어 아픈 백성들에게
일연은 아침을 들려주었습니다.
길고 긴 어둠의 세월을 견뎌내고 찬란한 태양이 떠오르는
아침의 도시를 건설한 우리 민족의 꿈을 이야기했습니다.
우리는 고난에 굴복하지 않는다고, 어둠에 삼켜지지 않는다고,
오히려 고난과 어둠을 견뎌내고 아름다운 여인이 되며
찬란한 아침이 된다고 일연은 노래했습니다.

외국 생활을 마치고 한국에 돌아왔을 때,
세상이 흔들리고 있었습니다.
미국산 쇠고기를 먹으면 광우병에 걸린다는 거짓말이
수백만의 촛불로 타올랐습니다.
마르크스는 정의를 외쳤는데, 예수는 왜 침묵했느냐고
제자들이 질문했습니다.
북한은 민족사의 정통성을 계승한 국가이고
대한민국은 친일파(親日派)가 세운 나라요,
태어나지 말았어야 할 나라라고 젊은이들이 믿고 있었습니다.

이런 상황에서 무엇을 할 것인지,
내가 할 수 있는 일이 무엇일지, 생각이 많았습니다.
불면(不眠)의 밤을 지내던 어느 날,
삼국유사를 지은 일연의 이미지가 영감처럼 다가왔습니다.
무너진 현상이 아니라 무너지지 않은 원형(原形)을 말하고
무너질 수 없는 꿈을 말했던 그의 모습이
내 눈 앞에 펼쳐진 장면처럼 보였습니다.
일연의 길이 저의 이정표가 되었습니다.

휘청거리고 흔들리는 대한민국이 아니라
대한민국을 탄생시킨 꿈을 말하겠다고 저는 결심했습니다.
원래 이 나라가 어떻게 세워졌는지,
건국(建國)의 아버지들을 사로잡았던 영감은 무엇인지,
역사의 지평 위에 대한민국을 등장시킨
하나님의 섭리는 어떤 것이었는지,
북한의 실체와 고통당하는 동포들의 실상은 무엇인지를,
저는 미친 듯이 말하고 다녔습니다.
그 말들이 모여 한권의 책이 되었습니다.

몽골에게 일곱 번 침략 당했지만, 우리는 〈삼국유사〉를 들고
신화(神話)를 가진 민족으로 다시 일어섰습니다.
일본에게 나라를 빼앗겼지만, 우리는 "기독교 입국론"의 신념으로
다시 일어나 한강의 기적을 이루어 냈습니다.
이제도 수많은 도전과 위협이 있지만
역사의 주인이신 하나님의 손을 붙들고

다시 일어나 한강의 기적을 이루어 냈습니다.
이제도 수많은 도전과 위협이 있지만
역사의 주인이신 하나님의 손을 붙들고
진리의 책인 성서와 더불어 칠전팔기의 민족혼(民族魂)으로
다시 일어서는 국민(國民)들이 되기를 두 손 모아 기도합니다.

2013년 6월,
한미동맹 60주년을 맞이하며, 자유통일의 그날을 기다리며

 **목차**

七顚八起 大韓民國

1	진인사(盡人事), 그리고 천찬(天贊)	011
2	아직도 열두 척이나 있습니다	027
3	말씀에 대한 말씀	041
4	연평도 포격의 막후(幕後)	053
5	짐승들의 제국, 인자의 나라	069
6	너희가 먹을 것을 주라	083
7	세상을 바꾸는 슬픔	097
8	갈망하는 인간	107
9	신앙과 애국의 계보	117
10	밤이 깊을수록 별은 더 빛난다	131
11	충성과 의리, 예수 군대의 윤리	143
12	괜, 찬, 타… 괜, 찬, 타… 괜, 찬, 타…	159
13	중보자의 사랑	173
14	우리의 역사는 이제부터 시작이다	193
15	칠전팔기의 대한민국	209

◀ 임진왜란에서 나라를 지킨 서애(西厓) 류성룡(柳成龍).

그의 기록인 〈징비록〉에는 "하늘이 도왔다"(天贊)는 말이 반복된다.

▲ 1948년, 제 3차 유엔 총회에서 한반도의 합법적인 국가로 승인받기 위해서 남한과 북한이 치열하게 경쟁했다. 사진은 프랑스 파리의 유엔 총회에 파견된 대한민국 대표단. 아래 왼쪽부터 모윤숙, 조병옥, 장면, 김활란. 위 왼쪽부터 정일형, 김우평, 장기영, 김진구.

진인사(盡人事), 그리고 천찬(天贊)

여호와 하나님이 아담을 부르시며 그에게 이르시되
네가 어디 있느냐 (창세기 3:9)

한경직 목사님은 한국이 자랑하고 세계가 존경하는 어른이십니다. '종교계의 노벨상'으로 불리는 템플턴상을 수상하기도 하셨습니다. 그분의 호가 추양(秋陽), 가을 햇살이라는 뜻이니, 따뜻하고 자애로우셨던 인품에 어울리는 이름입니다.

그분은 평생 검소하기로 유명하셨습니다. 수만 명 모이는 대형 교회의 담임 목사이셨지만, 그분의 침실은 초라하기 짝이 없었습니다. 한경직 목사님의 침실 벽에는 단출하게 액자가 하나 걸려 있었다고 합니다. 침대에서 일어서면 바로 액자가 보입니다. 거기에 목사님께서 친필로 직접 쓰신 글이 적혀 있었습니다. "네가 어디 있느냐", 창세기 3장 9절 말씀입니다.

하나님 앞에서 내가 어디에 있는지, 내가 선 이곳이 있어야 할 곳인지, 있어서는 안 되는 곳인지, 그분은 끊임없이 자신을 성찰하셨습니다. 그 성찰과 반성이 한경직이라는, 아름다운 생애를 빚어냈습니다.

오늘은 국가 기도자들과 함께 우리 역사의 한 장면을 나누고 싶습니다. 선조들이 걸었던 발자취를 헤아리면서, 우리가 어디에서 와서 어디로 가며 어디쯤 와 있는지, 우리가 있어야 할 자리를 생각하고 싶습니다.

1592년 4월 13일 노을이 지는 저녁에, 일본의 15만 대군이 바다를 건너 부산을 공격했습니다. 우리 역사 최대의 비극 중의 하나인 임진왜란(壬辰倭亂)이 일어난 것입니다. 당시에 조선과 일본은 상대가 되지 않았지요. 인구는 4백만 명 대 3천 2백만 명, 일본이 조선의 여덟 배였습니다. 국가 재정은 세금 수입을 비교해볼 때 60만석 대 1850만석, 일본이 무려 서른한 배 많았습니다.

군사력은 아예 비교 자체가 불가능했습니다. 일본군 15만은 총으로 무장했습니다. 그들에 대항해서 조선군 8천 명은 최종 병기, 활을 들고 맞섰습니다. 총을 든 15만과 활 쏘는 8천의 전쟁이니, 상대가 안 됩니다. 4월 13일 부산에 상륙한 일본군은 거의 저항을 받지 않고 진격했습니다.

두 달 만인 6월 13일에 일본군이 조선 북부의 중심지인 평양을 점령합니다. 일주일만 진격하면 압록강에 도착하고 조선을 몽땅 차지하게 되지요. 그런데 일본군이 이상하게 평양에서 시간을 끕니다. 6개월 동안 노닥거리고 어영부영합니다. 그 사이에 명나라가 구원병을 파견해서 조선을 도와줍니다.

명나라가 평양에서 일본과 크게 싸워서 이깁니다. 그러자 일본이 슬금슬금 도망치지요. 평양에서 한번 싸우고는 서울 근교까지 멀리 도망을 쳐버립니다. 벽제관에서 명나라와 일본이 또 한 번 맞부딪칩니다. 이번에는 일본이 이기지요. 그러자 명나라가 다시 평양까지 물러갑니다.

서울 북방에서 져서, 후퇴해서 개성 정도까지 갔다면 이해가 됩니다. 그런데 명나라는 평양까지 아주 멀리 도망쳐 버렸습니다. 그 다음에는 두 나라가 싸우지도 않고 4년 동안 시간만 보냅니다.

임진왜란은 이상한 전쟁입니다. 이상한 점이 여러 가지입니다. 일본은 왜 조선을 완전히 점령하지 않았을까요? 명나라는 또 왜 일본을 완전히 몰아내지 않았을까요? 두 나라는 왜 싸우는 둥 마는 둥 4년간 시간을 보냈을까요?

사실은 두 나라가 비밀리에 협상을 하고 있었습니다. 협상의 내용은 "조선 분할"입니다. 조선을 반으로 나누어서 남쪽은 일본이 차지하고 북쪽은 명나라가 가지려고 했지요. 그때 명나라와 일본이 조선의 분단선으로 설정했던 라인이 북위 38도에서 39도 사이입니다. 신기하게도 지금의 휴전선과 비슷합니다.

사랑하는 여러분, 역사는 하루아침에 이루어지지 않습니다. 대한민국이 갑자기 분단이 된 것이 아닙니다. 사실은 임진왜란 때부터 대륙 세력과 해양 세력에게 분단될 가능성이 있어왔습니다. 만약 그때 우리나라가 분단이 되었다면, 오늘날 대한민국은 없을 것입니다. 단지 중국말을 쓰는 조선족과 일본말을 쓰는 조선족만이 남아있을 것입니다.

그 위기를 막고 나라를 지키고 민족을 보존한 인물이 서애(西厓) 유성룡(柳成龍)입니다. 유성룡이 남긴 임진왜란의 기록이 국보 132호로 지정된 〈징비록(懲毖錄)〉입니다. 징비록을 읽어보면, 그분이 얼마나 고생하셨는지를 알 수 있지요.

유성룡은 임진왜란의 총지휘자였습니다. 그분의 탁월한 리더십이 있어서 우리 민족은 국난(國難)을 극복하고 살아남을 수 있었습니다. 선조들의 리더십을 기억하면서, 유성룡의 역할을 정리하겠습니다.

첫째로 서애 유성룡은 임금을 설득해서 나라를 지키게 했습니다.
지난 2001년 9월 11일, 오사마 빈 라덴이 지휘하는 알 카에다의 전사들이 항공기를 몰고 세계 무역 센터를 향해서 돌진했습니다. 전 세계를 충격에 빠뜨린 911 테러이지요. 세계 금융의 중심지가 공격받는 최악의 상황에서 많은 이들에게 깊은 인상을 남긴 리더가 있습니다. 뉴욕 시장 루돌프 줄리아니입니다. 그의 〈리더십〉이라는 책이 출판되기도 했습니다.

테러가 났을 때, 줄리아니는 시청에서 회의를 하고 있었습니다. 소음이 나고 먼지가 나는 광경이 멀리서 보이자, 줄리아니가 제일 먼저 한 말이 있습니다. "무슨 일인가? 빨리 사태를 파악하라."가 아닙니다. "레츠 고!"(Let's Go) 곧장 일어나서 사고 현장으로 갔습니다. 줄리아니 시장과 동료들이 충돌 현장으로 가는 도중에 폭발이 일어나 재를 뒤집어쓰고 일행이 다치기도 했습니다.

이런 사람이 리더입니다. 나라가 어려우면 지도자들이 먼저 "레츠 고!" 해야 합니다. 앞장서서 싸워야 합니다. 그런데 우리 역사의 비극은 전쟁이 나면 지도자들이 제일 먼저 도망친다는 점입니다.

임진왜란 당시 선조 임금이 중국에 보낸 외교 문서에 이렇게 썼습니다. "임금의 나라와 부모의 나라로 돌아가서 죽기를 바랍니다." 조선을 지배했던 성리학 혹은 주자학의 커다란 문제점이 사대주의(事大主義)입니다. 중국을 성현의 나라, 부모의 나라로 지나치게 숭상합니다.

선조의 외교 문서에 그런 사대주의가 그대로 드러납니다. 조선의 왕이 중국을 "임금의 나라"와 "부모의 나라"라고 불렀습니다. 나라가 위기에 처했는데, 임금이 앞장서서 싸운 것이 아니라 조국을 버리고 도망치려고 했습니다. 조선의 임금이 중국으로 귀화해서 중국옷 입고 중국말 쓰고 중국 황제의 신하가 되어서 죽게 해달라고 간청을 했습니다.

나이든 왕이 애국심이 없었다면, 젊은 왕자라도 기백이 있어야 합니다. 그런데 조선의 왕자 임해군이 일본군에게 포로로 잡혀서 이렇게 말합니다. "나를 풀어주면 한강 이남의 땅은 어느 곳이든 마음대로 내줄 수 있다." 이렇게 한심스러운 임금과 왕자를 설득해서 끝까지 싸우게 만든 인물이 유성룡입니다.

선조 임금은 어떻게 해서든 조선을 떠나려고 했습니다. 나라를 버리고 압록강을 건너서 명나라의 신하가 되고 싶어 했습니다. 그런 임금을 붙들고 유성룡이 말했습니다. "임금이 우리 땅에서 한 발자국이라도 떠나신다면, 그때부터 조선은 우리 땅이 아닙니다." 결국 선조는 중국으로 귀화하는 것을 포기하고 나라를 지키게 됩니다.

둘째로 유성룡은 명나라를 설득해서 일본과 싸우게 만들었습니다.
명나라는 겉으로는 조선을 도와서 일본과 싸우러 왔지요. 하지만 속으로는 조선을 반으로 잘라서 일본과 나누어 가지려고 했습니다. 그래서 조선 군사가 일본군을 잡는 모습만 보여도 곧바로 결박해서 마구 때렸습니다.

권율 장군이 행주 대첩에서 일본군을 물리쳤습니다. 그러자 명나라는 정찰병을 보내서 권율 장군을 끌고 갑니다. 전투마다 앞장섰던 용맹한 조선 장수 변양준은 쇠사슬로 목을 붙들어 매어 땅바닥에 끌고 갔습니다. 조선의 명장이 왜군(倭軍)이 아니라 명군(明軍)에 의해서 온 몸에 상처를 입고 피를 토했습니다.

약소국의 운명은 이처럼 비참합니다. 조선은 침략한 일본에게도 당하고 구조하러 왔다는 명나라에게도 당했습니다. 명나라가 조선을 일본에게 넘기려고 할 때마다 유성룡이 목숨을 걸고 막았습니다. "우리나라의 땅은 한 자 한 치도 왜에게 넘겨줄 수 없다."며 나라를 지켰습니다.

역사는 일모우강(日暮雨降)이라는 말을 후세에 전합니다. 날은 저무는데, 비가 내리는 처량한 광경이지요. 유성룡이 명나라 군대를 찾아갔지만, 장군은 만나주지 않습니다. 조선을 잘라서 나누어먹고 얼른 전쟁을 마치고 싶은데, 유성룡이 끝까지 싸워야한다고 다그치니, 보기 싫었던 거지요.

명나라 장수가 나오기를 기다리며 하염없이 기다리는데, 어느덧 날이 저물고 비가 내립니다. 일국의 재상이 하루 종일 비를 맞고 바람을 맞았습니다. 임진왜란 때 하도 고생을 많이 해서 유성룡의 몸은 계속해서 망가졌습니다. 빗줄기에 눈물을 섞으면서 통곡을 하면서 나라를 지켜냈으니, 충신 중의 충신입니다.

셋째로 유성룡은 인재를 발탁해서 전쟁을 이끌었습니다.
유성룡이 발탁한 괴짜가 있지요. 그는 이율곡 선생과 같은 명문가 출신입니다. 집안 대대로 학자들이 많았습니다. 그런데도 사내대장부가 글이나 읽는 것은 답답하다며 문관의 길을 포기했습니다. 문관(文官)을 우대하고 무관(武官)을 천시하던 조선에서는 희귀한 일이었습니다.

 그가 무과 시험에 급제했을 때, 병조판서 김귀영이 중매쟁이를 보냈습니다. 자신의 서녀(庶女)와 혼인시키려고 했던 거지요. 병조판서가 일치감치 점을 찍어놓을 만큼 쓸만한 인재로 평가받았습니다. 그런데 이 괴짜가 중매쟁이를 발로 차며 쫓아버렸습니다. "내가 이제 처음으로 벼슬길에 나섰는데, 어찌 세도가에게 발을 붙이겠는가!"

 학연, 지연, 혈연 다 거부하고 철저히 실력으로만 승부하겠다는 배포입니다. 그러니 윗사람에게 밉보이는 것은 당연합니다. 결국 한양에서 근무하다가 여진족이 출몰하던 함경도 국경으로 좌천되어 버립니다.

 함경도에서도 그 성질이 바뀌지 않지요. 상관이 법을 어기고 부정 축재하는 것을 지적했다가 직위 해제를 당합니다. 마침 그때 여진족이 공격해서 조선 백성들을 납치했는데, 직위 해제된 이 괴짜가 백성들을 구출하고 여진족의 두령을 사로잡습니다.

 하여간 능력은 대단합니다. 하지만 지나치게 원칙적이고 "법대로"입니다. 아무리 윗사람이라도 불법을 저지르면 잘못이라고 말합니다. 아무리 아랫사람이라도 함부로 차별하지 않고 공정하게 대우합니다. 그러니 윗사람은 싫어하지만 아랫사람들은 존경합니다.

 이런 스타일은 성공하기 어렵지요. 능력이 대단하면서도 빛을 못 봅니다. 그런데 유성룡이 그에게 기회를 줍니다. 육군에서 해군으로 보직을 변경시킨 다음에, 한꺼번에 7계급을 승진시킵니다. 요즘말로 하면 육군 소령을 해군 대장으로 임명한 것이지요. 군대라는 계급 사회에서는 있을 수 없는 일입니다. 당장 비난이 빗발칩니다. 사간원에서 상소를 올렸습니다. "관직의 남용이 이보다 심할 수 없습니다."

온갖 비난을 무릅쓰고 무리를 해서 유성룡이 승진시킨 괴짜를 여러분이 다 알고 계십니다. 그분이 임진왜란의 영웅 이순신(李舜臣) 장군이십니다. 유성룡이 임진왜란 발발 14개월 전에 이순신을 발탁해서 전쟁을 준비했습니다.

이순신의 조카 이분(李芬)이 쓴 〈이충무공 행록〉에 이런 글이 나옵니다. "오직 서애 유정승만이 같은 동리에서 살던 어린 시절의 친구로서 공이 장수의 재목이라고 알아주었다." 사실은 이순신과 유성룡이 어린 시절부터 친구였습니다.

유성룡이 친구 이순신의 뛰어난 능력을 유심히 보고 있다가, 나라가 위기에 처했을 때 과감하게 등용한 것입니다. 우리 역사 최대의 비극을 배경으로 꽃핀 최고의 우정입니다. 유성룡과 이순신이 명콤비를 이루면서 조선은 살아남을 수 있었습니다.

제가 간략하게 유성룡의 행적을 소개했습니다. 엄청난 일들을 혼자서 해내면서 이 애국자가 엄청나게 고생합니다. 제가 유성룡에 대한 기록을 읽으면서 느낀 점을 한마디로 요약하면 "진인사(盡人事)"입니다. '진' 자가 다할 진이지요. 인간으로 할 수 있는 최선을 다한다는 것이 무엇인지를 배우고 느꼈습니다.

저의 소감은 진인사인데, 〈징비록〉에서 유성룡이 자주 하는 말은 천찬(天贊)입니다. 하늘 천(天)에 도울 찬(贊), 하늘이 도우셨다는 뜻입니다. 더 이상은 사람의 힘으로 안 되는데, 하늘이 도와주셨다는 구절이 자주 나옵니다.

"오호라, 임진의 화(禍)는 참혹하였도다. 20여일 사이에 3도가 떨어지고, 8도가 무너져 임금이 피난길에 올랐다. 그러고도 오늘 우리가 있음은 하늘이 도와서이다…."

"걱정하고 걱정하던 군량이 먼 곳에서 참으로 알맞은 때 도착하였습니다. 나는 너무 기뻐 달려가 아룁니다. 이는 바로 하늘이 중흥의 기운을 우리에게 열어주시는 것입니다…."

"서울의 함락과 회복, 그리고 도요토미 히데요시의 죽음, 이 어찌 우연이라고만 하겠는가. 하늘의 도움이 아닐 수 없다…."

"높은 꼭대기에서 엄청난 기세로 물이 쏟아져 내리는 판국에 도대체 무슨 힘이 있어 그 물줄기를 막고 살아날 수 있었으랴. 오로지 하늘이 도우셨다. 사람의 힘으로 된 것이 아니다…."

사람이 할 수 있는 최선을 다했습니다. 그러고도 어쩔 수 없는 상황이 있습니다. 이제는 꼼짝없이 죽었구나, 싶은 순간에 하늘이 도우셔서 이 나라가 살아났다고 유성룡은 말합니다.

우리가 부르는 애국가에 이런 대목이 있습니다. "하나님이 보우하사 우리나라 만세…." 그 구절이 그냥 나온 것이 아닙니다. 우리 선조들은 사람이 살기 위해서 몸부림칠 때, 하늘이 도우신다는 분명한 경험을 가지고 있었습니다. 서애 유성룡은 그 경험을 '천찬'이라는 용어로 표현했지요. 그 역사와 전통이 오늘날의 애국가에 담겨 있습니다.

우리 조상들은 하늘이 도우셨다고 말했습니다. 그런데 그 하늘의 정체가 무엇인지는 잘 몰랐습니다. 그냥 막연히 저 하늘에서 내려온 초월적인 힘이 우리를 도왔다고만 생각했습니다. 그런데 기독교가 전파되면서 비로소 우리는 하늘이 그냥 하늘이 아니라 하나님이신 것을 알게 되었습니다. 그냥 막연하고 모호한 하늘이 아니라, 말씀으로 천지를 창조하시고 인간의 생사화복(生死禍福)을 주관하시는 하나님이 역사의 주인이심을 기독교가 우리 민족에게 깨닫게 했습니다. 하나님을 알게 한 것은 기독교의 위대한 민족사적 공헌입니다.

진인사, 그리고 천찬의 역사는 조선에만 있었던 것이 아닙니다. 대한민국 건국사의 도처에서 발견됩니다. 역사가 들려주는 이야기 중의 하나에 함께 귀를 기울이고 싶습니다.

1948년 8월 15일, 서울에서 대한민국이 건국되었습니다. 9월 9일에는 평양에서 '조선민주주의인민공화국'이라고 이름을 붙인 괴뢰정부가 수립되었습니다. 한반도에 자리 잡은 두 세력이 최초로 맞붙은 외교전이 유엔 총회입니다.

프랑스 파리에서 열린 제3차 유엔 총회에서 합법적인 정부로 승인받기 위해서 남한과 북한이 총력을 기울였습니다. 이때 대한민국 건국을 반대했던 김구(金九) 선생은 대표단을 보내서 유엔이 대한민국을 승인하지 못하도록 공작을 폈습니다. 하지만 김구가 파견하려던 대표단의 단장 김규식(金奎植) 선생이 출발 직전에 단장직을 고사했습니다.

그리고 대표단의 일원이었던 서영해(徐嶺海)는 북한으로 넘어가서 김일성 편에 붙었습니다. 이 점만 보아도 김구 선생이 분명히 실수했다는 점을 알 수 있습니다. 위대한 독립 운동가였지만, 공산 집단에게 이용당해서 대한민국 건국을 방해했습니다. 참으로 안타까운 일입니다.

김구의 시도는 불발로 끝났습니다. 북한은 대규모의 인원을 파견했는데, 다행스럽게도 프랑스 정부가 입국을 거부합니다. 북한 대표단은 아예 파리에 들어오지도 못했습니다. 장면(張勉) 박사가 단장을 맡은 우리 대표단은 신생 대한민국의 독립을 승인받기 위해 활발한 활동을 벌였습니다.

하지만 소련을 비롯한 공산권의 방해가 만만치 않았지요. 독설가(毒舌家)로 유명한 소련 대표 비신스키는 한국 대표단의 조병옥(趙炳玉)을 가리키면서 비난을 퍼부었습니다. "저기 이승만의 개가 앉아있다." 이에 발끈한 조병옥이 맞받아쳤습니다. "저기 스탈린의 개가 짖고 있다." 서로 "개"라고 욕하면서 국제회의가 개판이 되어버렸습니다.

소련이 구사한 주된 전술은 회의를 지연시키는 것입니다. 공산 국가들끼리 짜고 발언권을 얻습니다. 그 다음에는 세 시간이고 네 시간이고 계속해서 한국을 비난했습니다. 최근에 문제가 된 한국의 종북세력들이 무슨 정당이라면서 회의하는 것 보면 소련하고 비슷합니다. 대한민국은 미 제국주의의 식민지라느니, 당장 미군이 철수해야 한다느니, 오늘날에도 친북파들이 떠드는 소리는 벌써 50년 전부터 공산주의자들이 하던 얘기입니다.

그러면 앉아있던 다른 나라 대표들이 듣다가 듣다가 지쳐서 밖으로 나가버립니다. 상당수의 대표들이 나가버리면 투표를 할 수 있는 정족수에 미달이 되지요. 막상 한국을 승인하느냐 마느냐로 투표를 하려고 하면 인원 미달이 되어 투표가 연기됩니다.

한국 대표들은 회의실 입구를 지키면서 다른 나라들이 못나가도록 안간힘을 썼지만, 소용이 없었습니다. 소련은 이런 식으로 회의를 지연시켜서 한국이 합법적인 독립 국가로 승인받지 못하도록 하려고 했습니다.

1948년 12월 11일에도 소련은 똑같은 전술로 대한민국 문제의 표결을 그 다음날로 연기시켰습니다. 기진맥진해진 우리 대표단이 숙소에 돌아왔을 때, 장면 단장이 뜻밖의 말을 했습니다. "내일 새벽 3시에 교회당에 가서 하나님께 기도하려고 하는데, 함께 갈 사람 없소? 내가 3시에 전화를 걸 테니, 같이 갈 사람은 따라오시오."

유엔 총회가 시작된 지도 벌써 3개월이 지났습니다. 나라의 운명을 걸고 있는 힘을 다해 벌이는 외교전에 다들 지칠 대로 지쳐 있었습니다. 그런데 몇 시간 못자고 새벽 3시에 기도하자고 장면이 제안한 것입니다.

다음날 새벽에 모윤숙(毛允淑) 여사가 장면 박사를 따라서 기도하러 갔습니다. 독실한 신자였던 장면은 교회당에 들어가서 무릎을 꿇고 한 시간이 넘게 기도했습니다. 모윤숙 여사도 함께 무릎을 꿇었는데, 그동안 과로한 탓에 너무 무릎이 아팠습니다. 겨우 겨우 한 시간을 채웠는데, 장면이 일어서더니 이렇게 말합니다. "우리 다른 곳에 가서 기도를 더합시다."

모윤숙 여사가 무릎이 아파서 도저히 안 되겠다고 했는데도 장면이 권유합니다. "큰일을 앞두고 그것도 못참아 어떻게 합니까?" 국민의 생명과 국가의 운명이 걸린 큰일을 앞두고 기도하자는데, 무릎 아프다고 안 할 수도 없지요. 결국 장면과 모윤숙이 새벽 세시부터 기도하고 회의에 참석했습니다.

1948년 12월 12일 오후 3시 30분, 유엔 총회가 열리자마자 소련 대표 비신스키가 단 위에 오릅니다. 그동안 해왔던 것과 똑같이 대한민국은 불법 국가라고 비난을 퍼부었습니다. '또다시 몇 시간이고 같은 소리를 하겠구나….' 사람들이 벌써부터 지겨워합니다. 우리 대표단은 '이러다가 회의가 끝나겠구나….' 하는 생각에 입술이 바싹 마르고 마음이 초조해집니다.

그런데 그때 이상한 일이 일어납니다. 눈을 번득거리고 팔을 휘두르며 열변을 토하던 비신스키가 갑자기 연설을 중단하고 15분 만에 하단해 버렸습니다. 몇 시간씩 소리를 질러도 끄떡없던 그가 갑자기 성대 이상을 일으킨 것입니다. 나중에 확인된 바에 의하면, 비신스키는 치통과 감기로 성대에 이상을 일으켜서 말을 할 수 없었다고 합니다.

갑자기 비신스키가 내려가자, 공산권에서 당황합니다. 예정된 순서에 따라 회의를 장악하려고 했는데, 갑자기 돌발 상황이 터져버린 거지요. 그 틈을 타서 유엔 총회는 한국 정부 승인 문제에 대한 투표를 곧바로 실시합니다. 결국 찬성 48, 반대 6, 기권 1표로 대한민국은 유엔으로부터 합법적인 정부로 승인받습니다.

이 이야기가 무슨 신앙 서적에 실려있는 것이 아닙니다. 한국의 외교사를 기록한 일반 역사서에 사실 그대로 기록되어 있습니다. 인간이 최선을 다하고 기도했을 때, 하나님이 도와주셨습니다.

1948년 제3차 유엔 총회의 승인이 대한민국을 살렸습니다. 이날 승인을 받았기 때문에 6.25 전쟁이 났을 때 우리가 생존할 수 있었습니다. 유엔이 승인한 합법적인 정부에 침략한 불법 세력을 유엔 16개국이 응징했습니다.

군대를 보내서 싸워준 나라가 16개국입니다. 그 외에 병원을 보내고 먹을 것을 보내고 입을 옷을 보낸 나라가 68개국입니다. 이것이 기네스북에 수록된 세계 신기록입니다. 한 나라가 위험해졌을 때 주변에 다섯 나라, 많으면 열 나라가 도와준 사례는 있지요. 하지만 무려 68개국이나 되는 나라가 발 벗고 나서서 도와준 사례는 대한민국이 처음이자 마지막입니다.

누가 세계에서 가장 가난한 나라, 문맹률이 90%에 가까운 무지(無

知)한 나라, 평균 수명이 40세도 안 되는 비참한 대한민국을 돕도록 68개국의 최고 지도자들과 국회와 국민들의 마음을 움직였을까요? 저는 그것이 하나님이 하신 일이라고 믿습니다. 우리 조상들이 눈물로 기도했을 때, 하나님이 그 기도를 들으시고 이 나라를 지켜주셨습니다.

말씀을 정리하겠습니다. 창세기 3장 9절에서 하나님은 우리에게 물으십니다. "네가 어디에 있느냐…" 우리가 있어야 할 자리가 어디인가, 생각해보고 싶습니다.

첫째는 진인사의 자리, 내가 할 수 있는 최선을 다해야 합니다. 공부하는 사람은 공부에 최선을 다하고 직장 생활하는 사람은 직장에 최선을 다해야 합니다.

둘째는 기도의 자리, 사람의 노력만으로는 안됩니다. 사람의 힘만으로는 세상을 바꿀 수 없습니다. 우리는 늘 기도하면서 하나님의 도우심을 구해야 합니다. 최선을 다하되, 기도하는 애국자들이 되시기 바랍니다.

셋째는 천찬의 자리, 진인사하고 기도할 때 하나님이 도우십니다. 우리 민족은 그 하나님의 도우심이 있어서 오천년 고난의 역사를 이기고 살아남았습니다. 997번이나 침략을 당했지만 그걸 다 이겨내고 번영하고 있습니다.

하나님이 도우시는 대한민국을 위해서 기도하는 모든 중보자들에게, 하나님의 은혜와 축복이 내리기를 주님의 이름으로 축원합니다.

▲ 명량해전 추정도(推定圖), 왼쪽이 조선수군, 오른쪽이 일본수군이다.

"이순신 장군이 쓰신 〈난중일기(亂中日記)〉를 보면 반복되는 대목이 있습니다. '상투를 풀고 머리를 빗었다.' 조선 시대에는 머리에 상투를 틀었습니다. 그래서 머리를 감거나 빗을 때는 상투를 풀어야 합니다. 그런데 장군이 상투를 풀고 머리를 빗었다는 이야기가 너무 자주 나옵니다. 장군이 싸움은 안하고 머리만 단장하는 것 같습니다. 장군이 아니라 미용실 주인 같아요. 왜 그러셨을까요?"

◀ 컴퓨터 그래픽으로
복원한 B.C 10세기의
예루살렘 성벽

다윗이 함락시키기
전까지, 난공불락이었다.

아직도 열두 척이나 있습니다

> 왕과 그의 부하들이 예루살렘으로 가서 그 땅 주민 여부스 사람을 치려 하매 그 사람들이 다윗에게 이르되 네가 결코 이리로 들어오지 못하리라 맹인과 다리 저는 자라도 너를 물리치리라 하니 그들 생각에는 다윗이 이리로 들어오지 못하리라 함이나 다윗이 시온 산성을 빼앗았으니 이는 다윗 성이더라 그 날에 다윗이 이르기를 누구든지 여부스 사람을 치거든 물 긷는 데로 올라가서 다윗의 마음에 미워하는 다리 저는 사람과 맹인을 치라 하였으므로 속담이 되어 이르기를 맹인과 다리 저는 사람은 집에 들어오지 못하리라 하더라
>
> (사무엘하 5:6–9)

동양인들이 흔히 하는 말로 일승일패(一勝一敗)는 병가상사(兵家常事)라고 합니다. 전쟁에서 한번 지고 한번 이기는 것은 늘 있는 일입니다. 이길 수도 있고 질 수도 있는 것이 전쟁이지요. 아무리 장수가 뛰어나도 전력이 약하면 질 수 있습니다. 아무리 전략이 탁월해도 지원병이 제때 도착하지 않으면 질 수 있습니다.

그런데 그건 어디까지나 인간계에 속한 이야기입니다. 이순신(李舜臣) 장군은 인간계를 초월한 외계인 수준이셨습니다. 인간은 이기기도 하고 지기도 하지만, 외계인 이순신은 항상 이겼습니다. 전력이 강해도 이기고 약해도 이깁니다. 지원병이 거의 없었는데 계속 이겼습니다. 대부분 전력이 약한 상태에서 스물세 번 싸워서, 스물세 번 모

두 이겼습니다.

　이처럼 위대한 업적을 남겼다면, 당연히 상을 받아야 합니다. 그런데 오히려 벌을 받았습니다. 여러분이 아시는 것처럼 모함을 받아서 역적으로 몰리고 고문을 당했습니다. 다행히도 무혐의로 풀려나 복직되었습니다. 하지만 고문 후유증으로 오랫동안 고생했습니다.
　이순신 장군이 쓰신 〈난중일기(亂中日記)〉를 보면 반복되는 대목이 있습니다. "상투를 풀고 머리를 빗었다." 조선 시대에는 머리에 상투를 틀었습니다. 그래서 머리를 감거나 빗을 때는 상투를 풀어야 합니다. 그런데 장군이 상투를 풀고 머리를 빗었다는 이야기가 너무 자주 나옵니다. 장군이 싸움은 안하고 머리만 단장하는 것 같습니다. 장군이 아니라 미용실 주인 같아요. 왜 그러셨을까요?
　〈난중일기〉의 문장을 다시 인용합니다. "상투를 풀고 머리를 빗었다. 식은땀이 한 사발이나 나왔다… 고름이 한 사발이나 나왔다." 고문을 당해서 몸이 망가지니, 머리에서 식은땀이 나옵니다. 때로는 고름이 나옵니다. 상투 안이 땀과 고름으로 가득 차면 가려워서 견딜 수 없습니다. 그때마다 이순신 장군이 상투를 풀고 머리를 빗었습니다. 그러면 땀이 한 사발씩 나오고 고름이 한 사발씩 나왔습니다.

　이 무렵의 〈난중일기〉에 자주 나오는 단어가 웅크릴 "축(縮)" 자입니다. "위축된다"고 말할 때의 "축" 자입니다. 원래 소화 기관이 약하셨던 분인데, 고문을 당하고 나서는 계속 배가 아픕니다. 음식만 먹으면 구토를 하거나 설사를 합니다. 그래서 식은땀을 흘리고 고름을 쏟으면서 배를 움켜쥐고 어딘가에 웅크리고 앉아서 신음합니다.
　이순신을 보면, 한 시대의 애국자가 겪어야했던 몸서리치는 고독이 느껴집니다. 목숨을 바쳐서 나라를 구했지만, 알아주는 사람이 없습니다. 오히려 오해받고 비난받고 고문당합니다. 애국자가 박수를 받아야 하는데, 애국을 하면 오히려 고통스러워지는 우리 역사의 비극입니다.

그 비극이 오늘도 이어집니다. 북한 동포를 구출하고 종북 세력의 집권을 막기 위해서 지금도 목숨을 내놓은 애국자들이 있습니다. 그런데 이 나라 언론과 국민들은 그들을 향하여 박수를 치기는커녕, 갈채를 보내기는커녕, 오히려 손가락질을 합니다. 극우 세력이라고 하고 수구꼴통이라고 하고 개독교라고 하고 심지어 이단이라고 합니다.

애국의 길은 언제나 고뇌로 점철되어 있습니다. 조선의 애국자 이순신은 피고름을 쏟아내고 식은땀을 흘리면서 웅크리고 앉아서 번민하고 신음했습니다. 그러나 그는 고뇌하면서도 애국의 길을 포기하지 않았습니다.

이순신이 고문당하고 백의종군을 하는 동안, 조선 수군(水軍)이 참패를 당합니다. 칠천량해전에서 원균(元均)이 이끄는 주력 부대가 모두 궤멸당합니다. 그러자 이순신을 싫어했던 선조 임금이 할 수 없이 이순신을 삼도 수군통제사로 복직시킵니다.

그때, 다시 해군 최고 사령관이 된 이순신이 거느렸던 병력이 몇 명일까요? 군관 9명, 군사 6명, 도합 15명이었습니다. 한 나라의 해군 총사령관이 지휘할 수 있는 병력이 고작 15명이었습니다. 배는 단 한 척도 없었습니다.

몸이 망신창이가 된 이순신이 자신을 돌볼 겨를도 없이 무너진 해군을 재건합니다. 싸울 수 있는 배가 한 척이라도 남아있는지 샅샅이 뒤지면서 수소문을 합니다. 그랬더니 기적처럼 남아있는 배가 있었습니다.

칠천량해전에서 조선 수군이 전멸당할 때, 장수 하나가 배 열두 척을 끌고 도망쳤습니다. 그 덕분에 열두 척의 배가 남아있었습니다.

이순신이 그 정보를 입수하고 배를 내놓으라고 명령합니다. 그랬더니, 도망쳤던 장군이 배 째라는 식으로 나옵니다. "배들을 보내주면 나 도망쳤다고 죽일 것 아니냐, 못 보낸다, 내 신변과 안전을 보장해라." 하면서 버팁니다. 이순신이 거의 한 달을 설득해서 드디어 배 열두 척을 확보했습니다.

이처럼 말도 안 되는 상황에서 일본군이 대대적으로 공격합니다. 그 동안 이순신에게 당해왔던 것을 복수하려고 전투함 133척이 쳐들어옵니다. 133대 12면 하나마나한 싸움입니다. 그래서 선조 임금이 이순신에게 편지를 보냅니다. 해전을 포기하고 해군도 포기하고 육지에 올라와서 육군으로 싸우라고 권유합니다.

1597년 선조 30년 9월, 이순신이 임금에게 답장을 보냅니다. 거기에 이런 문장이 있습니다. "전하, 소장에게는 싸울 수 있는 배가 열두 척 밖에 없나이다." 라고 했으면 "불멸의 이순신" 같은 드라마는 만들어지지 않았을 것입니다. 이순신은 이렇게 썼습니다. 상유십이(尙有十二) 미신불사(微臣不死).

"전하, 소장에게는 싸울 수 있는 배가 아직도 열두 척이나 있나이다. 미천한 신하이오나 저는 죽지 않았나이다." 미신불사를 보통 순신불사라고 말하기도 합니다. "이순신은 죽지 않았습니다, 제가 살아있는 한 나라와 백성들을 살리기 위해 포기하지 않고 끝까지 싸울 것입니다." 라는 뜻입니다.

이제는 열두 척 밖에 없다고 말하지 않았습니다. 아직도 열두 척씩이나 있다고 말했습니다. 할 수 없다고 생각하는 사람은 할 수 없다고 생각하기 때문에 할 수 있는 방법을 찾아보지도 않고 아무것도 못해냅니다. 할 수 있다고 생각하는 사람은 할 수 있다고 생각하기 때문에 할 수 있는 방법을 찾아내서 결국은 해냅니다.

이순신은 할 수 있다고 생각했습니다. 그래서 고민하고 고민하고 또 고민해서 할 수 있는 방법을 찾아냈습니다. 사랑하는 여러분, 12척으로 어떻게 133척과 싸울 수 있을까요? 넓은 곳에서 싸우면 133척이 12척을 손쉽게 포위합니다. 그러면 이길 수 없지요.

12척으로 133척을 이기려면 좁은 곳으로 유인해야 합니다. 그래서 이순신이 바다가 넓게 펼쳐지다가 갑자기 좁아지는 곳, 물살이 갑자기 빨라지는 곳을 찾았습니다. 그가 찾아낸 싸움터가 우리말로 울돌목, 한문으로 쓰면 명량(鳴梁)입니다. 지금의 전라남도 해남과 진도 사이의 좁은 바다입니다.

울돌목에서는 하루에 네 번 조류가 바뀝니다. 운명의 그날 아침에, 일본군이 진격하기 좋은 방향으로 물결이 흘렀습니다. 물살을 타고 일본이 총공격을 감행합니다. 그런데 오전 11시쯤 되어서 갑자기 조류가 바뀌었습니다.

요즘처럼 기술이 발달한 시대에도 바다의 조류를 거스르면서 항해한다는 것은 대단히 어렵습니다. 그 당시에 133척의 거대한 선단이 있는 힘을 다해 앞으로 진격하는데, 바다 물결이 정반대로 밀어치면 앞으로도 못 가고 뒤로도 못 갑니다.

앞에 가던 배와 뒤를 따르던 배가 서로 부딪칩니다. 일본 전함들이 좁은 해협에 완전히 갇힌 꼴이 되었습니다. 그때 조선군이 집중 사격을 퍼부었습니다.

결국 일본 전투함 133척 가운데 31척이 침몰되고 91척이 파괴되었습니다. 12척으로 무려 122척을 박살 냈습니다. 이 정도면 인간이 아니라 외계인이지요. 이 전투가 세계 해전사에 빛나는 명량대첩(鳴梁大捷)입니다. 할 수 있다고 생각했던 이순신 장군이 할 수 있다고 말씀하셨고 할 수 있는 방법을 찾아내서 마침내 해냈습니다.

성경은 이와 같은 긍정의 정신과 긍정의 언어로 가득 차 있습니다. 우리가 살고 있는 세상은 고통과 슬픔으로 얼룩져 있습니다. 그러나 성경은 그 가운데에서도 하나님이 함께 하시면 할 수 있다는 긍정의 고백으로 가득 차 있습니다. 그 대표적인 사례가 사무엘하 5장입니다.

사무엘하 5장은 다윗의 긍정적인 마인드가 빛을 발하는 장면입니다. 사무엘하 5장을 읽으면 눈이 부실 지경입니다. 그것은 다윗의 최대 치적 중의 하나인 예루살렘 전투입니다. 예루살렘은 지금 성지(聖地)로 유명합니다. 하지만 본래는 이스라엘 민족이 아닌 여부스족의 성이었습니다. 다윗의 공격 앞에서 여부스족은 자신만만했습니다.

사무엘하 5장 6절입니다. "왕과 그의 부하들이 예루살렘으로 가서 그 땅 주민 여부스 사람을 치려하매 그 사람들이 다윗에게 이르되 네가 결코 이리로 들어오지 못하리라 맹인과 다리 저는 자라도 너를 물리치리라."

"맹인과 다리 저는 자라도 너를 물리치리라." 다시 말해서 여부스족의 눈 먼 사람, 다리 저는 사람들이 다윗의 특공대와 싸워도 얼마든지 이길 수 있다고 큰소리쳤습니다. 이들이 호언장담할 수 있었던 이유는 지리적인 위치 때문이지요. 예루살렘성은 절벽 위에 성벽을 쌓아서 세운 성입니다.

생각해봅시다. 아무리 막강한 특공대라도 예루살렘을 정복하려면 일단 절벽을 기어 올라가야 합니다. 그 다음에는 성벽을 또 기어 올라가야 합니다. 절벽과 성벽을 올라가다가 절반 이상은 떨어져 죽습니다. 나머지가 겨우 성벽 꼭대기까지 갔다고 가정해봅시다.

성벽 위에는 눈 먼 사람이 커피를 마시고 있습니다. 그런데 밑에서 누군가 낑낑거리면서 올라오는 소리가 들립니다. 그러면 커피 마시려고 끓인 물을 살짝 밑으로 부으면 됩니다. 아니면 막대기로 휘저어도 됩니다. 그것으로 전투가 끝나지요. 이 정도는 눈 먼 사람이나 다리 저는 사람도 할 수 있습니다.

다시 말해서 이쪽에서 특공대가 기를 쓰고 기어 올라가도, 저쪽에서는 장애인들이 커피 마시면서 대충 싸워서 얼마든지 이길 수 있습니다. 예루살렘은 천연의 요새요 난공불락이었습니다. 그러니 여부스족이 큰소리칠만합니다. 예루살렘은 수백 년 동안 한 번도 함락되지 않았습니다. 누구나 예루살렘을 정복하는 것은 불가능하다고 생각했습니다.

할 수 없다고 생각하는 사람은, 할 수 없다고 생각하기 때문에, 할 수 있는 방법을 찾아보지도 않고 결국에는 못합니다. 할 수 있다고 생각하는 사람은, 할 수 있다고 생각하기 때문에, 할 수 있는 방법을 찾아내서 기어코, 기필코, 반드시 해냅니다. 다윗은 난공불락의 예루살렘성을 정복할 수 있다고 생각했습니다. 그래서 할 수 있는 방법을 찾았습니다.

절벽 위에 세워진 성은 방어에 절대적으로 유리합니다. 동시에 아주

불리한 점도 있습니다. 무엇이 불리할까요? 바위 위에 세워진 성이라면, 물을 구하기가 어렵습니다. 다윗이 그 점에 주목했습니다. 사람이 살려면 물이 있어야 하는데, 저 높은 바위성에는 물이 부족하겠지요.

그들이 살기 위해서는 필수적으로 성 밖의 아래쪽에서 물을 길어와야 합니다. 그렇다면 성 아래쪽 어딘가에 물을 길어 올리는 통로가 있을 것입니다. 예루살렘 같은 큰 성의 물 사용량을 감당하려면 큰 통로가 있어야 합니다. 그 통로로 군인들을 들여보내면, 절벽을 기어 올라가지 않고도 성을 차지할 수 있습니다.

다윗은 할 수 있다고 생각했고 할 수 있는 방법을 찾아냈습니다. 그는 정찰대를 보내서 예루살렘 주변을 샅샅이 살핍니다. 정찰대가 큰 샘물을 발견합니다. 샘물 주변을 철저히 조사해서 드디어 성 안으로 통하는 비밀 통로를 발견합니다. 그 통로로 군대를 보내서 순식간에 성을 점령했습니다. 수백 년 동안 난공불락이었던 예루살렘성이 다윗에 의해 한 번에 무너져 버렸습니다.

사무엘하 5장 8절을 보겠습니다. "그날에 다윗이 이르기를 누구든지 여부스 사람을 치거든 물 긷는 데로 올라가서 다윗의 미워하는 다리 저는 사람과 맹인을 치라."

여기에 "물 긷는 데로 올라가서" 라는 말이 나옵니다. 1967년 고고학자 크리스토퍼 워렌이 예루살렘 주변을 발굴했습니다. 그랬더니 실제로 성 안으로 물을 길어 올리는 비밀 통로가 있었습니다. 그 통로를 "다윗의 갱도" 혹은 발견자의 이름을 따서 "워렌의 수갱(水坑)"이라고 부릅니다. 성경 말씀이 실제로 일어난 사실임이 확증된 사례입니다.

제가 미국에서 섬겼던 교회는 오랫동안 분쟁이 일어났던 곳입니다. 말로만 싸운 것이 아니라 몸으로도 싸웠습니다. 서로 밀치고 때리고 하니, 신고를 받고 경찰이 출동했습니다. 경찰이 하도 많이 와서, 아예 경찰들하고 같이 예배를 드리기도 했습니다.

교인들이 둘로 나뉘어서 양쪽에 앉고 가운데 경찰 30여명이 앉았습니다. 수도 없이 싸워서 경찰도 수없이 출동했습니다. 나중에는 결국 법원까지 갔습니다. 텍사스 대법원까지 가는 재판을 무려 7년 동안 두 번이나 했습니다.

교회 가서 은혜를 받아야 하는데, 매일 서로 욕하고 싸우고 재판 비용이나 걷고 하니, 교인들이 빠져 나갑니다. 재판이 다 끝났을 때는 400명이 넘던 교인들 가운데 10여명이 남아 있었습니다. 교회는 재정적으로 어려워서 파산했습니다. 그러다가 기적적으로 외부의 지원을 받아서 교회를 다시 시작하게 되었지요. 바로 그때, 제가 담임 목사로 부임했습니다.

처음 교회에 도착해서 교육관 문을 열자마자, 무언가가 확 튀어나왔습니다. 깜짝 놀라서 살펴보니, 도마뱀이었습니다. 교회가 파산해서 교육관에 전기도 끊어지고 사용하지도 못했습니다. 오랫동안 방치되어서 교육관 안에 도마뱀도 살고 풀도 자라고 있었지요.

지방회가 열려서 제가 인사를 드리러 갔습니다. 그랬더니 만나는 목사님마다 안 된다고 하셨습니다. 그 지역의 목회자들 열아홉 분이 저에게 그 교회를 떠나라고 권유했습니다. 괜히 고생만 실컷 하고 망할 교회에서 힘 빼지 말고, 다른 목회지를 알아보라고 충고하셨습니다. 미국 내 한인 교단의 총회장을 지낸 목사님도 제가 인사를 드리자마자, 교회 욕부터 하셨습니다.

어느 날에는 이민사 편찬 위원회에서 연락이 왔습니다. 이민 역사를 쓰는데 교회 자료가 필요하다는 것이었습니다. 미국에 있는 한인 교회 분쟁의 대표적인 사례라고 하더군요. 이민 교회들이 참 많이 싸우고 깨지고 갈라지는데, 그 교회처럼 7년씩이나 재판까지 하는 경우는 드물기 때문에 역사 기록으로 남겨놓아야 한다고 말했습니다.

이런저런 소리를 들으면서 한 달 동안 열심히 목회를 했습니다. 재정 결산을 해보니, 한 달 헌금으로 교회 전기세도 감당할 수 없었습니다. 교회는 언제 문 닫을지 모르고, 사람들은 손가락질하며 계속 욕만 하는 상황에 하나님이 저를 보내셨습니다. 제가 하나님께 기도했습니다. "하나님, 다 망한다고 하는데, 이 교회를 어떻게 해야 합니까?"

그때마다 주님이 응답하셨습니다. 그 응답이 신기했습니다. 저의 질문에 대답하신 것이 아니라 오히려 저에게 질문하셨습니다. "네가 정말 부활을 믿느냐?…." 사랑하는 여러분, 부활을 믿으십니까? 죽은 사람이 살아나는 것이 부활입니다.

기독교는 부활을 믿는 종교입니다. 죽은 사람까지도 살아난다고 믿는 종교입니다. 그렇다면, 죽은 사람이 깨어난다면, 망한 교회가 왜 일어서지 못하겠습니까? 깨어진 가정이 왜 일어서지 못하겠어요?

기도할 때마다 하나님이 부활을 믿는다면, 교회가 다시 일어서는 것을 왜 믿지 못하느냐고 질문하셨습니다. 그 말씀을 듣고 교인들을 보니, 다들 힘이 빠져 있었습니다. 우리는 해봤자 안 된다는 생각에 가득 차 있었습니다.

먼저 교인들부터 할 수 있다는 믿음을 가져야겠기에, 제가 설교 시간에 질문했습니다. "여러분, 부활을 믿으십니까? 정말 부활을 믿으시나요? 부활을 믿으신다면 교회의 회복은 왜 믿지 못하십니까? 앞으로 우리교회가 안 된다는 소리는 하지 마십시오."

그 설교를 하고 며칠이 지난 뒤에 새신자가 찾아왔습니다. 오자마자 등록을 하더니, 그 후로 주일 예배에 한 번도 빠지지 않았습니다. 그분의 집에 심방을 갔더니, 자신이 살아온 과정을 이야기했습니다. 미국에 이민 와서 열심히 일해서 나름대로 재산을 모았습니다. 그런데 신앙생활이 제대로 안되어서 30년간 교회만 가면 목사 멱살 잡고 싸웠다고 합니다.

그러다가 그만 사기를 당해서 전 재산을 날렸습니다. 쫄딱 망해서 제가 목회했던 도시로 도망치듯이 이사를 왔습니다. 그런데 그분이 그 지역에서 처음 마트에 갔다가 우연히 저의 설교 CD를 발견했습니다. 운전하면서 설교를 듣는데, 꼭 자신에게 하는 소리처럼 들렸다고 합니다. 그래서 30년간 목사들하고 숱하게 싸웠는데, 이제부터는 신앙생활 제대로 해야겠다고 결심하고 교회를 찾아왔습니다.

제가 목회하는 동안, 그의 가족 전체가 단 한 주도 빼놓지 않고 주일 성수를 했습니다. 하나님이 은혜를 주셔서 파산했던 가정도 회복되었습니다. 교회도 함께 성장했습니다. 결국 파산했던 가정도 일어섰고, 파산했던 교회도 다시 일어섰습니다.

사랑하는 여러분, 정말로 부활을 믿는다면, 어떠한 순간에도 포기하면 안 됩니다. 포기할 수 없습니다. 죽은 사람도 살아난다면, 무너진 인생도 일어설 수 있습니다. 죽은 사람도 부활한다면, 깨어진 가정도 회복될 수 있습니다. 죽은 사람도 살리시는 하나님이라면, 힘들고 어려운 교회도 얼마든지 다시 일으키실 수 있습니다.

이순신 장군은 아직도 나에게는 열두 척이나 배가 남아있다고 말했습니다. 다윗은 난공불락의 예루살렘성을 바라보며 정복할 수 있다는 꿈을 가졌습니다. 그들은 할 수 있다고 생각했고 할 수 있다고 믿었고 할 수 있다고 말했고 마침내 역사를 바꾸었습니다.

우리가 다 부족합니다. 우리의 역량은 참으로 모자랍니다. 그러나 열두 척 밖에 안 되는 초라한 배들이 이순신 장군의 손에 들렸을 때, 빛나는 승리의 주역이 되었습니다. 마찬가지로 죽음까지도 이기신 주님의 손에 붙들릴 때, 우리 모두가 위대한 승리의 주인공이 될 수 있습니다.

하나님이 저와 여러분을 사용하십니다. 하나님이 함께 하시면 우리는 반드시 이깁니다. 할 수 있다는 신념으로 북한 해방, 자유 통일, 선교 한국을 위해서 전진하는 예수의 군대가 되시기를 주님의 이름으로 축원합니다.

▲ 일본의 성자(聖子) 가가와 도요히꼬

▼ 빈민가의 어린이들과 함께 한 도요히꼬

중국의 장개석 총통이 말했다. "일본은 정말 잔인하다. 하지만 그 일본을 위해서, 그리고 중국을 위해서, 가가와 도요히꼬(賀川豊彦) 선생이 오늘도 뜨거운 눈물로 기도하고 있음을 생각하면 일본에게 보복할 수 없다."

말씀에 대한 말씀

> 말씀이 육신이 되어 우리 가운데 거하시매 우리가 그의 영광을 보니 아버지의 독생자의 영광이요 은혜와 진리가 충만하더라 (요한복음 1:14)

이번 주에 이 자리에 계신 분들이 동성애 합법화 법안 반대 투쟁에 앞장섰습니다. 우리는 왜 동성애를 반대합니까? 동성애자들을 미워하기 때문일까요? 아닙니다. 동성애가 죄이기 때문입니다. 그러면 우리는 무엇을 근거로 동성애를 죄라고 규정합니까? 영원한 판단의 기준은 성경입니다. 오늘은 말씀에 대한 말씀을 나누겠습니다.

첫째로 인간은 말과 행동이 다를 수 있습니다.
인간의 말은 지극히 아름다운 동시에 지극히 추할 수 있습니다. 이 사례를 극명하게 보여주는 사건이 병자호란(丙子胡亂)입니다.

1492년에 건국된 이래, 조선은 이백년이 넘도록 명나라를 대국(大

國)으로 섬겼습니다. 그런데 이 국제 질서에 도전하는 세력이 등장했습니다. 1636년 3월, 떠오르는 신흥강국 청나라가 조선에 사신을 보냅니다. 사신은 이제부터 청을 섬기지 않으면 전쟁을 일으키겠다고 통보했습니다.

이때 조선의 지배층은 친청파가 아니라 친명파가 대세였습니다. 명나라가 망해가고 있는데도, 오직 명을 섬겨야 한다고 주장했습니다. 학식이 높은 선비들답게 그들은 멋진 문장으로 표현했습니다. "강약(强弱)과 존망(存亡)의 형세를 헤아리지 않고 정의로 결단한다."

강한가 약한가, 나라가 존재할 것인가 망할 것인가, 계산하지 않고 오직 정의로운 길을 선택하겠다는 말입니다. 말은 참 멋있지만, 멋진 말의 대가로 전쟁을 피할 수 없게 되었습니다. 그렇다면 전쟁을 준비했어야 합니다.

하지만 사대부 양반들은 그것도 반대했습니다. 전쟁 준비로 백성들을 괴롭혀서는 안 된다는 것이 이유였습니다. 결국 1636년 12월 8일, 조선은 아무런 준비 없이 청나라의 기습 공격을 받았습니다. 이것이 병자호란입니다.

조선은 두 달을 채 못 버티고 항복했습니다. 청나라는 무려 50만이 넘는 조선인들을 포로로 잡아갔습니다. 그들이 제일 좋아했던 포로는 여인이었습니다. 잡혀간 여인들은 조선의 선비들이 멸시했던 오랑캐들의 노예와 첩이 되었습니다.

그 여인들 중에는 우여곡절 끝에 몸값을 치르고 노예 신분에서 해방된 사람들도 있었습니다. 그들은 꿈에 그리던 고향으로 돌아왔습니다. 하지만 조선으로 돌아온 여인들은 또 한 번 짓밟혔습니다. 양반 사대부들은 정절이 있는 여인만이 조상의 제사를 모실 자격이 있다고 주장했습니다.

　전쟁 중에 겁탈을 당한 여인들은 몸이 더럽혀졌으므로 더 이상 제사를 드릴 수 없다는 거지요. 고명한 선비들은 구사일생으로 살아서 돌아온 여인들에게 자살을 강요했습니다. 아버지가 딸에게, 아들이 어머니에게, 남편이 아내에게 스스로 목숨을 끊으라고 재촉하는 참혹하고도 어처구니없는 광경이 펼쳐졌습니다.

　이긍익(李肯翊)의 〈연려실기술〉의 한 대목을 인용합니다. "우한의 딸은 목매어 죽었다. 그 동생도 같이 죽었다. 심지담의 어머니와 아내, 첩과 자식이 모두 죽었다. 이돈오의 아내는 시어머니, 동서와 같이 스스로 목을 찔렀다. 정선홍의 아내가 살려달라 하니 '빨리 죽는 것이 옳다'고 하였다. 물에 떨어져 죽은 자들이 얼마나 되는지 알 수 없었다. 머릿수건이 물 위에 떠 있는 것이 마치 연못물에 떠있는 낙엽이 바람을 따라 떠다니는 것 같았다…."

　여인들이 몸을 던진 강물 위에는 머리를 묶었던 수건만 남아서 물결에 흘러갔습니다. 그 수건의 숫자가 어찌나 많았는지, 가을날 낙엽이 연못을 덮고 있는 것 같았다는 기록입니다.

　오랑캐에게 잡혀가서 능욕을 당했습니다. 기어이 살아남아서 돌아온 다음에도 자살하지 않고 버텼습니다. 그런 여인들에게는 또 다른 시련이 기다리고 있었습니다. 양반들은 이렇게 주장했습니다. "포로로 잡혀간 것은 절개를 잃은 것이기에 그 자손의 벼슬길을 허락해서는 안 된다."

　실제로 조선의 과거 시험 답안지에는 친가 3대, 외가 2대 조상들의 이름을 적도록 되어 있었습니다. 그 가운데 잡혀갔던 여인의 이름이 있으면, 후손들은 저절로 낙방하는 경우가 허다했습니다.

병자호란은 전쟁 한번으로 끝나지 않았습니다. 그 후로 수십 년간 조선은 해마다 100명 남짓한 처녀들을 바쳤습니다. 210년 동안 뇌물을 바치고 머리를 조아리며 굽신거렸습니다.

학식과 세도를 자랑하던 조선의 선비 사대부들은 항상 옳은 말만 했습니다. "강약과 존망의 형세를 헤아리지 않고 정의로 결단한다.", "전쟁 준비로 백성들을 괴롭혀서는 안 된다.", "조상의 제사는 깨끗한 몸으로 받들어야 한다.", "여인은 절개를 지켜야 한다."

말은 참 멋있습니다. 하지만 그들은 멋지게 말만 했을 뿐, 자신들의 말에 책임지지 않았습니다. 그 말이 가져올 결과에 대해서 준비하지도 않았습니다. 지배층이 계속 좋은 말만 골라서 하고 있는 사이에 백성들은 엄청난 고초를 겪었습니다. 당시 조선 인구 천만 명 가운데 5%에 해당하는 50만 명 이상이 포로로 잡혀갔습니다. 힘없는 여인들이 짓밟혔고 그 후손들의 출세까지 막혔습니다.

아무리 아름다운 말이라고 해도 책임지지 않으면 소용이 없습니다. 아름다운 말이 추하고 비참한 현실을 만듭니다. 인간의 경우에는 말과 행동이 따로 갈 수 있습니다. 말과 현실이 별개일 수 있습니다.

오늘날에도 한반도의 북쪽에서는 인간이 운명의 주체가 된다는 멋들어진 이론을 주장합니다. 남쪽에서는 민족, 민주, 자주, 진보, 평화 같은 온갖 좋은 말들을 동원하면서 대한민국의 정통성을 부정하는 자들이 있습니다.

남과 북의 공산주의자, 주체사상파, 종북 세력들이 있는 소리 없는 소리 다 하는 사이에, 400만의 동포들이 굶어서 죽었습니다. 아름다운 말이 비참한 현실을 낳았던 역사를 우리는 기억해야 합니다.

둘째로 하나님의 말씀은 말씀이요 사건이며 행동이고 현실입니다.
하나님의 말씀과 인간의 말은 다릅니다. 성경의 첫 페이지를 열자마자, 말씀과 행동의 관계에 대한 대답을 발견합니다.

창세기 1장 1절입니다. "태초에 하나님이 천지를 창조하시니라."

이 구절은 하나님의 행동을 보여줍니다. 하나님이 천지를 창조하는 행동을 하셨습니다. 그래서 "창조하시니라"는 동사가 사용되었습니다. 그러면 하나님은 천지 창조를 위해서 어떤 행동을 하셨을까요?

창세기 1장 3절입니다. "하나님이 이르시되 빛이 있으라 하시니 빛이 있었고"

1절에서는 분명히 창조하는 행동을 하셨다고 되어 있습니다. 그런데 3절에 보니, 말씀을 하셨다고 되어 있습니다. 다시 말해서 하나님의 창조 행동은 말씀을 통해서 이루어졌습니다. 우리는 여기에서 말씀과 행동이 따로 가는 것이 아니라 같이 가는 것임을 발견합니다.
하나님이 "빛이 생겨라." 하고 말씀하시자, 그 말씀대로 빛이 생겨나는 사건이 일어났습니다. 말씀이 사건이 된 것입니다. 이 말씀이 있기 전에 세상은 어두움뿐이었습니다. 그런데 빛이 있으라는 말씀을 하신 다음에는 이 세상에 실제로 빛이 비쳤습니다. 말씀이 현실이 된 것입니다.
정리해봅시다. 창세기 1장 1절과 3절에서는 여러 가지가 서로 연결되어 있습니다. 천지를 창조하신 행동, 빛이 있으라 하신 말씀, 빛이 생겨난 사건, 빛이 존재하는 현실이 서로 맞물려 있습니다. 사랑하는 여러분, 이것이 성경적인 말씀 개념입니다. 말씀과 행동과 사건과 현실이 따로 존재하는 것이 아닙니다.

하나님의 말씀이 행동으로 나타나서 사건이 일어나고 마침내 새로운 현실이 창조됩니다. 그래서 말씀이라는 히브리어 "다바르"는 단순히 말씀만을 의미하지 않습니다. "다바르"라는 한 단어에 말씀과 행동과 사건과 현실이라는 뜻이 함께 담겨 있습니다.

성경적인 말씀 개념을 우리에게 적용해봅시다. 여러분이 설교를 잘 들었습니다. 그것만 가지고 '오늘 하나님의 말씀을 들었다'고 생각하시면 안 됩니다. 여러분의 귀에 들려져서 청각을 자극한 것만으로는 말씀이 성립되지 않습니다.

귀로 들어온 말씀이 가슴에 간직되었다가, 손과 발로 뿜어져 나와야 합니다. 말씀이 내 것이 되어서 영혼을 진동시키는 사건이 일어나고, 그 사건 때문에 행동하게 되고, 마침내 삶이 변화되는 현실로 나타나야 합니다. 그것이 성경적인 말씀 개념입니다.

요한복음 1장 14절 상반절을 보겠습니다. "말씀이 육신이 되어 우리 가운데 거하시매"

이 구절은 엄청난 메시지입니다. 하나님의 말씀이 인간의 신체로 나타났습니다. 말씀이 피가 되고 살이 되고 뼈가 되었습니다. 세상의 가치관과 인간의 죄악에 물든 육체가 아니라 오직 하나님의 말씀으로 거룩하게 지어진 존재가 출현했습니다. 그분이 누구이신가요?

요한복음 1장 14절 하반절을 봅시다. "우리가 그의 영광을 보니 아버지의 독생자의 영광이요 은혜와 진리가 충만하더라."

그분은 하나님의 한 분 밖에 없는 외아들, 예수 그리스도이십니다. 사도 요한은 그의 영광을 보았다고 말합니다. 예수님에게서 흘러나오는 충만한 은혜와 진리를 그는 직접 받았고 누렸고 체험했습니다.

요한일서 1장 1절입니다. "태초부터 있는 생명의 말씀에 관하여는 우리가 들은 바요 눈으로 본 바요 자세히 보고 우리의 손으로 만진 바라."

"태초"라는 단어와 "말씀"이라는 단어가 나옵니다. 태초에 말씀으로 천지를 창조하셨다는 창세기 1장과 비슷합니다. 생명의 말씀이신 예수를 직접 보고 만졌다고 사도 요한은 고백합니다.

사랑하는 여러분, 예수님이 저 멀리 내가 닿을 수 없는 곳에 계신 것이 아닙니다. 이론상으로만 존재하시는 것도 아닙니다. 그분이 인간 세상으로 내려오셨습니다. 내게로 다가오셨습니다. 나는 그분을 구체적으로 보고 듣고 만질 수 있습니다.

다시 말해서 말씀이 사람이 되시는 사건이 일어났고 그 사건을 그리스도인들은 현실적으로 경험했습니다. 창세기와 내용이 정말 비슷하지요? 말씀과 행동과 사건과 현실이 또 다시 연결되어서, 예수님을 가리킵니다.

예수님은 말씀이 몸이 되는 과정을 직접 겪으셨습니다. 그렇다면 그분은 나에게 들려진 하나님의 말씀이 내 몸으로 어떻게 실천될 수 있는지를 가장 잘 아십니다. 말씀이 몸이 되고 말씀이 생활이 되고 말씀이 삶이 되려면 어떻게 해야 하는지에 대해서는 예수님이 최고 전문가이십니다.

어떻게 하면 말씀과 행동이 일치할 수 있는지, 우리는 끊임없이 예수님께 배워야 합니다. 동시에 말씀이 내 삶의 현실이 되도록 끊임없이 예수님의 도우심을 받아야 합니다.

셋째로 말씀에 대한 체험이 쓰임 받는 인생을 만들어냅니다.
1945년 8월 15일, 일본이 항복했을 때 중국인들은 쾌재를 불렀습니다. '드디어 복수할 기회가 왔구나….' 중국을 침략한 일본은 엄청나게 많은 사람들을 죽였습니다. 난징에서만 50만 명을 학살했습니다.

온갖 잔악한 짓을 하다가 패망했으니, 중국에 남아있던 일본 사람 230만은 언제 죽을지 모르는 상황이 되었습니다. 그때 중국의 지도자 장개석(蔣介石) 총통이 유명한 명령을 내립니다. "이덕보원(以德報怨), 원수를 원수로 갚지 말고 덕으로 갚으라."

부하들이 명령을 듣고 반발했습니다. 일본에게 당한 걸 생각하면 230만을 죽이고도 모자라다고 불평했습니다. 그 말을 듣고 장개석이 대답했습니다. "일본은 정말 잔인하다. 하지만 그 일본을 위해서, 그리고 중국을 위해서, 가가와 도요히꼬(賀川豊彦) 선생이 오늘도 뜨거운 눈물로 기도하고 있음을 생각하면 일본에게 보복할 수 없다."

가가와 도요히꼬라는 한 인물이 중국의 최고 지도자를 감동시켰습니다. 그로 인해서 230만의 일본인들이 안전하게 고향으로 돌아갈 수 있었습니다.

오직 신앙적인 감화만으로 무려 230만 명을 살린 가가와 도요히꼬는 도대체 어떤 인물일까요? 그는 평생을 교회와 병자들과 빈민들과 창녀들을 위해서 바쳤습니다. 빈민들이 제일 괴로워하는 문제 중의 하나가 변비입니다.

규칙적으로 먹지도 못하고 제대로 먹지도 못해서 대장이 돌처럼 굳어버립니다. 가가와 도요히꼬는 변이 나오지 않는 빈민들의 항문에 손을 넣어서 변을 끄집어냈습니다. 아주 중증 변비 환자의 경우에는 입으로 변을 빨아내기도 했습니다.

인간으로서 정말 하기 힘든 일들을 하면서 일본과 중국의 빈민들을 사랑하고 섬기며 전도했습니다. 일본인이면서도 일본이 일으킨 전쟁에 반대해서 감옥에 가기도 했습니다. 일본과 중국이 싸울 때, 오히려 일본이 회개하고 중국인들이 안전하도록 끊임없이 기도했습니다.

그의 사랑과 기도의 소문이 장개석 총통에게도 들려졌습니다. 가가와 도요히꼬는 일거수일투족에서 정말 예수님처럼 살아갔던 지식인이었고 운동가였고 성자였습니다.

제가 20대 초반에 가가와 도요히꼬의 자서전적 소설 〈한 알의 밀알〉을 읽었습니다. 읽기 전에는 약간 흥분했습니다. "내가 정말 위대한 인물의 생애를 읽는구나!" 하지만 책을 읽으면서 오히려 실망했습니다. 극적인 내용도 없고 드라마틱한 주제도 없었습니다.

그저 밋밋하고 평범한 내용이었습니다. 다소 실망스런 기분으로 책을 덮었습니다. 그런데 시간이 흐를수록 읽은 내용이 자꾸만 떠오릅니다. 그때는 몰랐는데, 여러 가지 경험을 하고 목회를 배우고 사람들을 섬기면서 불현듯 떠오르는 내용에 저도 모르게 감동에 젖어들곤 했습니다.

가가와 도요히꼬는 자신의 모습을 '가끼찌'라는 소년으로 등장시킵니다. 가난한 소년 가끼찌는 술집에서 배달을 합니다. 어느 날 손님을 속이고 거스름돈 5원을 챙겼습니다. 그런데 예수님을 믿고 나니, 그 일이 자꾸 마음에 걸립니다.

큰돈도 아니고 푼돈입니다. 잔돈에 불과한 5원입니다. 그런데도 자꾸만 죄책감이 듭니다. 결국 가끼찌는 손님을 찾아가서 5원을 돌려줍니다. 그리고 돌아오는데, 그의 마음에 시원한 샘물 같은 기쁨이 솟구칩니다.

　기쁨에 젖어서 걸어가는 가난한 소년, 가진 것 없고 배운 것 없는 무일푼 가끼찌의 모습을 저는 책으로 읽었습니다. 그런데 시간이 흐를수록 그 모습이 제가 직접 본 것처럼 생생하게 떠오릅니다. 힘든 길을 힘든 줄도 모르고 기쁨에 겨워서 걷는 모습입니다. 하나님의 말씀을 실천한 사람만이 누릴 수 있는, 마음에 기쁨이 충만한 모습입니다.
　가가와 도요히꼬의 평생을 이끌어간 힘은 바로 그 기쁨이 아니었을까요? 냄새나고 더러운 곳에서 평생을 보낸 그의 마음에는 순결한 기쁨이 샘물처럼 솟아오르지 않았을까요? 고난으로 가득 찬 성자의 길을, 그는 기쁨으로 걸었으리라 추측합니다. 하나님의 말씀대로 행동할 때 따라오는 기쁨, 그것이 예수 믿는 맛이고 멋입니다.
　세상은 재미를 줍니다. 사람들은 쾌락을 즐깁니다. 그러나 하나님은 기쁨을 주십니다. 말씀을 실천하는 자에게 세상이 줄 수 없고 사람들이 알 수 없는 기쁨을 선물로 주십니다. 그 기쁨을 내 것으로 누리고, 온 누리에 전하는 예수 군대가 되시기를 주님의 이름으로 축원합니다.

▲ 북한의 무력도발, 위쪽은 연평도 포격, 아래쪽은 천안함 폭침

"북한 입장에서는 천안함 폭침으로 잃은 것이 아무것도 없습니다. 오히려 얻은 것이 많습니다. 남조선 괴뢰를 쳐부수었다고 승전가를 부르면서 내부를 결속시켰습니다. 북한의 배후에 중국과 러시아가 있음을 세계에 과시했습니다. 대한민국을 공격했는데, 공격받은 쪽이 단결하는 것이 아니라 오히려 친북(親北)과 반북(反北)으로 나뉘어서 서로 싸웁니다."

연평도 포격의 막후(幕後)

> 내 이름으로 일컫는 내 백성이 그들의 악한 길에서 떠나
> 스스로 낮추고 기도하여 내 얼굴을 찾으면 내가 하늘에서 듣고
> 그들의 죄를 사하고 그들의 땅을 고칠지라 (역대하 7:14)

저는 이번 주 설교를 미리 준비했습니다. 설교의 주제는 형제 사랑이었습니다. 따뜻하고 부드러운 내용이었습니다. 하지만 이번 주에 연평도 전투가 발발했습니다. 무장한 공산군이 비무장 상태의 민간인들에게 포를 쏴대는 만행을 저질렀습니다.

연평도 포격 사건을 보면서, 저는 이 문제를 설교해야겠다는 마음이 들었습니다. 그래서 설교를 바꾸었습니다. 북한은 저에게도 타격을 입혔습니다. 김정일 때문에 한주에 설교를 두 편이나 준비하는 중노동을 했습니다. 북한이란 어떤 나라일까요?

북한을 이해하는 키워드, 첫째로 "유격대 국가론"입니다.

북한은 김일성의 항일 투쟁을 자랑합니다. 그네들의 '공화국 영웅'이라는 최현(崔賢)이 쓴 『회상기』에 김일성 일행의 독립 투쟁 기록이 나옵니다. 최현은 현재 북한의 실세로 거론되는 최룡해의 아버지입니다.

"나는 그들 마적(馬賊)들에 대한 정치 공작을 그만두고 미리 준비해 온 아편을 한 줌 꺼내 보이면서 탄약을 팔라고 하였다. 마적 두목 구점은 그제야 눈을 번쩍거리며 좋다고 웃는 것이었다...

나는 가만히 권총을 꺼내어 주인 앞에 갖다 댔다. 사태의 돌변에 주인은 어쩔 줄 모르고 10만 원을 내놓고는 자기 아내에게 2만 5천 원을 더 가져오게 하여 엎드려서 살려만 달라고 애원하는 것이었다. 우리는 주인을 인질로 잡아 차를 불러 타고 용정 시내에서 상당히 떨어진 모안산 밑까지 와서 산속으로 도망을 쳤다. 그날 무역 상인에게서 뺏은 돈은 트렁크에 가득했다."

독립 투쟁의 회상기인데, 내용이 이상합니다. 아편, 마적, 인질, 뺏은 돈... 같은 범죄스런 단어가 나열됩니다. 남로당의 최고 책임자로 북한에서 고위직으로 활동했던 박갑동(朴甲東)은 다음과 같이 논평합니다.

"김일성패는 국내에서의 시민 생활의 경험이 없으니 인민 대중과의 혈연적, 정신적 연결이 없다. 그들은 조국을 모르고 일찍이 만주 땅으로 넘어갔거나 또는 그곳에서 출세한 자들이다. 그들은 만주 땅에서 먹고 살기 위해 땀을 흘리고 노동은 하지 않고 떼를 지어 다니며 약탈, 살인, 그리고 아편 장사까지 하고 다니던 패들이다.

그런 짓을 자랑삼아 '항일 유격 투쟁'이라고 하나 우리가 국내에서 한 '항일 독립 투쟁'과는 전혀 다른 것이다….

김일성패는 이렇게 하여 무고한 사람들에게서 돈을 강탈하고 말을 듣지 않으면 총을 쏘고 폭탄을 던지며 불을 질렀던 것이다. 아무리 독립이 좋다 해도 이렇게 강도질하는 데까지 독립의 이름을 붙여서야 그 독립이 무슨 독립이 되겠는가. 이런 자들이 북한의 정권을 쥔 데서 해방 후 우리나라의 불행이 시작된 것이다.

나는 이러한 김일성패의 정체를 잘 모르고 그들이 정말로 만주에서 독립 운동을 한 애국자이며 양심적인 사람들인 줄 알았다…."

김일성은 만주의 유격대 출신입니다. 그뿐만 아니라 평생을 "유격대 마인드"로 살았습니다. 기습 공격을 해서 사람을 죽이고 물자를 빼앗는 것이 그의 생활 방식이고 사고방식입니다. 한 걸음 더 나아가 김일성은 북한 전체를 유격대 국가로 만들었습니다. 도쿄대 명예 교수 와다 하루끼는 이렇게 말합니다. "북한은 김일성의 항일 유격대 정신에 기초해서 인민들에게 유격대식 학습과 훈련, 정신 무장을 요구하는 유격대 국가이다."

정상적인 나라는 문제가 생기면 토론도 하고 협상도 합니다. 물자가 필요하면 공장을 지어서 만듭니다. 하지만 유격대 국가는 문제가 생기면 먼저 쳐들어갑니다. 필요한 물자는 사람을 죽이고 빼앗습니다.

북한의 첫 번째 키워드가 유격대 국가라면, 두 번째는 탁월한 외교력입니다.

남한에서는 이승만(李承晩)을 비판하는 목소리가 높습니다. 부정 선거를 했고 독재자이고 심지어 친미 사대주의자라고 욕하기도 합니다. 제가 이승만이 위대하는 말을 몇 번 했더니 바로 "수구꼴통"이라는 딱지가 붙었습니다.

　북한에서도 이승만을 무지하게 싫어합니다. 차이점이 있다면 이승만을 너무 미워하기 때문에 철저히 연구합니다. 대한민국이 공산화되지 않은 것은 이승만 때문입니다. 이승만 한 사람 때문에, 한반도 공산화라는 북한의 꿈이 산산조각 나버렸으니, 미워할만 하지요. 이승만 한 사람의 노력으로 한국 전쟁 당시 미군 150만 명이 한국을 위해서 싸워주었으니, 북한 입장에서는 분통이 터질 수밖에 없습니다.

　그래서 한국 전쟁 직후부터 김일성이 특별 지시를 내립니다. 북한 최고의 엘리트들로 하여금 이승만의 외교 정책을 샅샅이 분석하게 합니다. 특히 강대국 틈바구니에서 약소국이 살아남는 비결, 살아남은 정도가 아니라 오히려 강대국을 이용하는 능력, 강대국을 이용하면서도 강대국에게 인정도 받는 천재적인 능력을 제대로 배웠습니다.

　북한의 외교력은 1960년대 이후로 빛을 발합니다. 공산주의 진영의 패권을 놓고 중국과 소련이 대립합니다. 중간에 끼인 북한은 양쪽으로부터 받아낼 건 다 받아내면서도 자존심을 지키고 독자 노선을 걷는데 성공합니다.

　〈워싱턴 포스트〉지의 기자로 한국의 역사와 평생을 함께 했던 돈 오버도퍼의 논평입니다. "중국과 소련의 분쟁은 김일성에게 양대 강대국 사이에서 줄타기할 수 있는 여지를 제공했다. 소련과 중국은 북한이 완전히 상대 진영 쪽으로 돌아설 것을 두려워한 나머지 김일성을 자극하기를 원치 않았고 그 결과 그의 독자 노선을 묵인할 수밖에 없었다."

　〈벼랑 끝 외교의 승리〉라는 책이 있습니다. 우리 민족 최고의 외교관이었던 이승만의 천재성을 보여주는 책입니다. 소련과 중국의 지원을 등에 업은 북한의 침략을 막고 미국을 압박해서 나라를 지켜낸 이승만의 승부를 "벼랑 끝 외교"라고 표현했습니다.

그런데 오늘날 북한의 외교를 가리켜 "벼랑 끝 외교"라고 부릅니다. 대한민국이 이승만을 외면하는 사이에, 북한이 이승만 외교를 열심히 연구해서 배워버린 것입니다.

셋째로 북한은 친북(親北) 여론 조성에 심혈을 기울여 왔습니다.
북조선 노동당과 비슷한 상황에 있던 집단이 베트남 공산당입니다. 그런데 분단 상태에 있던 베트남 공산당이 미국을 상대로 싸워서 이겼습니다. 월남전의 승리는 북한에게 확신과 자신감을 주었습니다. 그래서 북조선 노동당은 월남 공산당이 갔던 길을 그대로 따라가고 있습니다.

월남전은 한마디로 여론전이었습니다. 실제 전투에서 승부가 난 것이 아니라 여론에서 승부가 났지요. 전쟁에서는 당연히 미국을 비롯한 연합군이 이깁니다. 이 점을 잘 알고 있는 베트남 공산당은 철저히 여론으로 싸웠습니다.

전쟁터의 끔찍한 모습, 미군의 실수 장면이 계속해서 언론에 보도되게 만들었습니다. 반대로 공산당이 저지른 만행에 대해서는 철저히 보안을 유지했습니다. 호치민과 베트남 공산당은 오늘날까지도 골리앗과 싸우는 다윗의 이미지로 기가 막히게 포장되어 있습니다. 현재의 대한민국에서도 호치민을 존경하고 칭송하는 이들이 서울 시장도 되고 국회의원도 되었습니다.

베트남 공산당의 선전 활동은 탁월한 효과를 거둡니다. 미국 내에서 전쟁 반대 여론이 강해지고 평화 시위가 일어나면서 미군이 철수해버립니다. 미군과 싸우면 질 수밖에 없는데, 미군이 보따리를 싸고 가버렸으니, 이길 수밖에 없습니다.

베트남에서 성공을 거둔 공산당의 전략은 한반도에서도 성과를 거두고 있습니다. 1986년 소련 공산당 서기장으로 취임하던 고르바초프를 방문한 김일성은 이렇게 말했습니다.

"남조선에 사회주의 주창 세력이 크게 성장했고 현재 국민 전선이 형성되고 있는 중이다. 남조선 국회의원 가운데 3분의 1이 북조선을 지지하고 있다. 얼마 전까지만 해도 남조선 인민들은 미국을 해방국이나 후원국으로 생각했지만 이제 학생들은 말할 것도 없고 대다수 인민들이 미군의 주둔에 반대하고 있다."

김일성의 말이 다소 과장이라고 해도, 현재 남한 내에 친북(親北) 여론이 조성되어 있다는 점은 부인할 수 없습니다. 주체사상파 출신의 종북 세력이 국회와 언론계, 사법계와 교육계, 노동계와 종교계 등 사회 곳곳에 광범위하게 침투해 있습니다.

넷째로 북한의 대표적인 특징은 후안무치(厚顔無恥)입니다.
후안무치란 얼굴이 너무 두꺼워서 부끄러움을 모른다는 뜻입니다. 김일성과 노동당 정권의 수립에 절대적인 역할을 한 나라가 소련입니다. 소련 지도자 스탈린이 북한은 젊은 나라이기 때문에 젊은이가 통치해야한다고 말하면서 직접 김일성이란 인물을 발탁했습니다. 한국전쟁도 소련이 승인해서 시작되었고 소련이 허락한 다음에 끝났습니다.

북한의 경제를 지탱해준 것도 소련의 지원입니다. 예를 들어 1988년 북한 수입액의 70%, 19억 9백만 달러 상당의 수입품이 소련으로부터의 들어왔습니다. 다소 과장되게 표현하면, 북한에 필요한 물자의 70%를 아주 싼 값에 소련이 지원해준 것입니다. 동시에 소련은

1988년 이후 미그 25 전투기 60대, SAM3 지대공 미사일, 사정거리 80킬로미터의 스커드 미사일을 제공했습니다.

서방 세계에서는 무기와 물자를 소련이 다 제공하고 있으니, 당연히 북한은 소련의 꼭두각시라고 생각했습니다. 그래서 북한이 이상한 짓을 하면 소련의 지시를 받았다고 생각하고 소련을 비난했습니다.

그런데 1962년에서 1991년까지, 무려 30년간 소련에서 한반도 문제 최고 전문가로 활동한 바딤 타첸코(Vadim Tkachenko)는 이렇게 말했습니다.

"북한은 납득하기 힘든 독자적 노선을 추구했다. 느닷없이 여객기를 폭파시키는가 하면 배를 나포하고 심지어는 비동맹 노선을 지지하기도 했다. 우리는 언제나 평양 정부로부터 사전 통보를 받지 못했다. 이런 놀라운 소식 대부분을 신문 보도를 통해서 알았다. 김일성이 모스크바의 하수인이라는 생각은 커다란 오산이다."

소련으로부터 받을 것 다 받고도 자기 마음대로 행동하는 나라가 북한입니다. 이 점은 한국에 대해서도 마찬가지입니다. 김대중·노무현 정권이 햇볕 정책을 펼치면서 북한에게 갖다 준 돈이 10조 원입니다. 북한은 10조 원을 다 받고도 김대중 정권 시절인 1999년과 2002년에 1차, 2차 연평해전을 벌였습니다. 노무현 정권인 2006년에는 지하 핵실험을 강행했고 2007년에는 서해에서만 14번이나 우리 영토를 침범해서 총격전을 벌였습니다.

이명박 정부에 들어와서도 마찬가지입니다. 올해 8월에 북한 신의주 지역에서 홍수가 났습니다. 그러자 천안함 사건 이후 전쟁이 날 것처럼 대한민국을 협박하던 북한은 갑자기 태도를 바꾸어 도와달라고 요청했지요. 그래서 대한적십자사가 시멘트 1만 톤, 컵라면 300만 개, 쌀 5000톤, 5억 8천만 원 상당의 의약품 등, 총 144억 8천만 원 어치의 물자를 지원하기로 결정했습니다. 이 지원은 연평도 포격이 있었던 23일까지 진행되고 있었지요.

정상적인 상태라면 무언가 도움을 받고 고마운 줄 알아야 합니다. 적어도 나를 도와준 상대를 해치지는 말아야 합니다. 하지만 북한은 오전에는 남한에서 보낸 구호물자를 받고 오후에는 남한의 민간인들에게 포탄을 쏘아댔습니다. 글자 그대로 후안무치, 얼굴이 너무 두꺼워서 부끄러운 줄 모르는 집단입니다.

북한에 대한 이야기를 다하려면 시간이 많이 걸립니다. 그래서 북한의 특징 가운데 연평도 포격과 관련 있는 것만 네 가지를 추려서 소개했습니다. 이 네 가지를 천안함 사태에 그대로 적용해 봅시다.

첫째로 북한 내부에 문제가 생겼습니다. 화폐 개혁이 실패하고 내부에 동요가 일어났습니다. 유격대 국가는 이런 문제를 외부 공격이나 약탈로 해결합니다. 그래서 천안함에 어뢰를 발사했지요.

둘째로 외교력을 활용해서 중국과 러시아가 북한 편을 들게 했습니다. 지금도 중국과 러시아는 천안함 사태가 북한의 소행이 아니라고 주장합니다.

셋째로 남한 내에 여론이 분열되게 만들었습니다. 연평도 포격이 일어나는 오전에도 인터넷에는 천안함이 이명박 대통령이나 미국이 저지른 짓이라고 주장하는 기사가 꾸준히 실렸습니다.

넷째로 후안무치한 북한은 천안함 사건 이후에도 남한으로부터 끊임없이 돈과 물자를 받았습니다. 적십자사에서 144억 8천만 원 상당, 김두관 경남 지사가 주도하는 단체에서 쌀 50톤을 받았습니다.

북한 입장에서는 천안함 폭침으로 잃은 것이 아무것도 없습니다. 오히려 얻은 것이 많습니다. 남조선 괴뢰를 쳐부수었다고 승전가를 부르면서 내부를 결속시켰습니다. 북한의 배후에 중국과 러시아가 있음을 세계에 과시했습니다.

 대한민국을 공격했는데, 공격받은 쪽이 단결하는 것이 아니라 오히려 친북(親北)과 반북(反北)으로 나뉘어서 서로 싸웁니다. 그 와중에서 적십자사와 김두관 지사에게 받을 것은 다 받아 챙겼습니다. 이렇게 수지맞는 장사를 왜 안하겠어요? 장사가 잘되면 자꾸 해야지, 왜 사업을 접겠습니까?

 북한이 도발을 못하게 하려면, 수지가 안 맞게 해야 합니다. 그래서 이명박 대통령이 천안함 사태 직후 다시는 이런 일이 없도록 7개 조치를 발표했습니다. 일곱 가지를 모두 지켰다면, 연평도의 비극은 없었을 지도 모릅니다.

 그런데 7개 가운데 제일 약한 것 하나만 지켰습니다. "제주도에 북한 선박의 출입을 금지한다." 여러분 생각해보십시오. 제주도에 북한 배가 안 들어오면 도발을 막을 수 있을까요? 연평도가 안전해지겠습니까?

 실제로 북한 전문가들 상당수가 천안함 문제를 제대로 처리하지 못하면 비슷한 일이 반복될 거라고 얘기를 많이 했습니다. 하지만 국민들에게 제대로 알려지지 않았습니다. 저는 천안함 사태를 지켜보면서 잠을 못 잤습니다. 분명히 이런 일이 또 일어나고 무고한 사람들이 죽어나가겠구나, 생각하니 정말 괴로웠습니다.

 그래서 제가 할 수 있는 일 몇 가지를 했습니다. 그 중의 하나가 설교였습니다. 6월에는 한국 전쟁을 주제로 3주 동안 설교했고 7월에는 제헌절에 대한민국 헌법과 건국 정신에 대해서 설교를 했습니다.

　오늘 제가 소개한 내용은 아주 기초적이고 상식적이고 이미 검증이 된 사실들입니다. 여러분이 책 한두 권 읽어보시고 인터넷 뒤져보면 다 아실 수 있는 내용입니다. 이런 기초적인 정보만 가지고도 북한의 전략을 예측할 수 있습니다.

　처음에는 배를 한 척 공격했습니다. 그랬더니 얻어지는 것이 많았습니다. 재미가 들린 북한이 다음에는 수위를 높여서 섬을 공격했습니다. 이번에도 수지맞는 장사가 되면 그 다음 단계는 육지를 공격하는 것입니다.

　북한의 계획은 단순합니다. 수도권을 기습 공격해서 점령합니다. 그러고는 남한이 먼저 공격해서 반격했을 뿐이라고 우깁니다. 그러면 남한 내부에 거대한 혼란이 일어나겠지요. 연평도에 포탄 떨어진 정도로도 패닉 상태가 되었다면, 예를 들어 수도권의 도시 하나를 점령하면 남한이 정신 못 차리고 마비되는 지경이 될 수도 있습니다.

　그 혼란을 이용해서 북한이 평화 공세를 취합니다. 북한의 제의에 남한 내의 종북 세력들이 맞장구를 치면서 들고 일어나겠지요. 돈을 주어서 전쟁을 막아야 한다고 나섭니다. 결국 북한은 막대한 보상을 받은 다음에 물러갑니다.

　이것이 유격대 국가인 북한의 전략입니다. 기습 공격해서 사람을 죽이고 물자를 빼앗은 다음에 돌아갔다가, 돈 떨어지면 또 공격하는 전형적인 유격대 전술입니다.

　북한은 50년째 똑같은 방법을 고수하고 있습니다. 그걸 막는 것은 어렵지 않지요. 실제로 대한민국이 그동안 잘 막아왔습니다. 그 방법을 그대로 쓰면 되는데, 잘못된 정권들이 잘된 정책을 버렸습니다. 이제는 국가 지도부에게 용기가 없고 국민들의 여론이 분열되었습니다. 그러니 알면서도 당할 수밖에 없지요.

그러면 연평도 포격 문제를 어떻게 해결해야할까요? 앞으로 이런 일이 반복되지 않도록 어떻게 방지할까요? 정치적이고 군사적인 해결책까지 얘기하면, 설교가 아니라 저의 정견 발표가 되겠지요. 이 자리에서는 그리스도인으로서 이 문제를 어떻게 풀어갈 지를 신앙적인 차원에서 생각해보고 싶습니다.

오늘 설교의 제목이 "연평도 포격의 막후(幕後)"입니다. 그래서 첫째로 끔찍한 사태를 일으킨 막후 세력인 북한에 대한 이야기를 나누었습니다. 둘째로 현실에서 벌어지는 인간사(人間事)의 막후에 있는 영적인 문제를 나누고 싶습니다.

한국 전쟁 이후로 한반도가 가장 위험했던 순간이 1994년입니다. 북한의 핵 개발 사실이 알려지면서 미국과 북한이 전면전을 벌이려고 했지요. 미국 본토에 있던 전투기들이 하와이로 재배치되었습니다. 전투기 조종사들이 출전 준비를 완료했습니다. 만일의 사태에 대비해서 유언장을 쓰고 손톱을 자르고 머리카락을 뽑아서 가족들에게 보냈습니다.

일촉즉발의 위기가 한반도를 감싸고 있었습니다. 그때 한국의 그리스도인들이 나섰습니다. 1994년 6월 25일 27만 명의 기독교인이 여의도 광장에 모여 금식하며 나라와 민족을 위해서 기도했습니다.

그때 기독교인들에게 배부된 전단지가 있습니다. 1993년 초 대천덕 신부님이 받으신 하나님의 말씀입니다. 대천덕 신부님이라고 하면 가톨릭으로 오해하는 분들이 많습니다. 그분은 가톨릭이 아니라 성공회의 신부님입니다. 그분의 대언을 소개합니다.

"여러 해 전 나는 성직자들이 그들의 탐욕과 간음에 대해 회개하기를 알렸다. 아직 나는 회개의 표시들을 기다리고 있는 중이다.

지금 나는 그들이 탐심과 뇌물과 토지 투기와 사업에서 거짓말하는 것과 태어나지 않은 아이의 살인(낙태)과 그들의 믿지 않는 부모 및 그들을 다치게 한 사람들을 중심으로 용서하지 않는 것에서 회개하기를 모든 나의 백성들에게 명한다.

김일성은 서울에 원자폭탄을 투하하고 남한에 책임을 전가할 자살의 길을 모색하기 원한다. 그는 그의 조직의 실패를 직면할 수 없다. 그는 거대한 모양으로 나아가고 싶어 한다. 오직 나만이 그를 저지할 수 있다.

베옷과 회개의 눈물을 흘림으로, 나에게 부르짖으라."

대다수의 국민들은 물론 전문가들도 북한에 핵이 있는지 없는지 조차 모르던 1993년 초에 대천덕 신부님은 김일성이 핵으로 전쟁을 일으킬 것이라고 예언하셨습니다. 그 전쟁은 김일성에 대한 심판인 동시에 대한민국과 특히 교회에 대한 심판이 됩니다. 국민들을 굶겨죽이고 하나님 행세를 한 김일성은 핵과 함께 자폭하게 됩니다. 동시에 대한민국은 엄청난 타격을 받게 됩니다.

1994년의 한국 교회는 최소한 "들을 귀"를 가지고 있었습니다. 대천덕 신부님의 메시지를 인쇄해서 대대적으로 뿌리고 30만 명이 금식하고 회개하면서 나라를 살려달라고 기도했습니다. 당시 신학교 4학년이었던 저도 전단지를 뿌리며 기도의 용사들을 부지런히 모았습니다.

그 기도가 절묘하게 응답되었습니다. 그해 7월 8일에 갑자기 김일성이 사망했습니다. 김일성의 죽음은 의문사(疑問詞)입니다. 아직까지 사건의 전모가 밝혀지지 않았지요. 심근경색을 일으켰는데, 한 시간 이상 응급조치가 이루어지지 않았다고 합니다.

82세가 된 "위대한 어버이 수령"의 옆에 의사가 없었다는 것이 말이 안 됩니다. 의사가 있었는데 조치를 취하지 않았다면 더더욱 말이 안 되지요. 어쨌든 김일성은 죽고 한반도는 전쟁의 위기에서 벗어났습니다.

저는 그것이 기도의 응답이라고 믿습니다. 우리 민족의 죄악을 향해서 내려지던 심판이 회개의 기도로 말미암아 김일성 개인에게 내려졌습니다.

한반도의 상황을 보면서 우리는 성경적 진리를 기억해야 합니다. 죄에는 반드시 심판이 내려집니다. 물론 예수님을 믿으면 지옥의 형벌은 면할 수 있습니다. 당장 전쟁이 나서 죽더라도 예수님을 구주와 주님으로 믿는 자는 영원한 천국에 들어갈 것입니다.

하지만 지옥의 심판에서 면제된다고 해서 현실의 심판에서도 자유로울 수는 없습니다. 예수님을 믿는다고 하면서도 정직하지 않고 정의롭지 못하고 하나님 말씀대로 살지 않는다면, 그에 따른 심판을 피할 수 없습니다.

하나님이 제일 미워하시는 죄는 우상 숭배입니다. 북한은 김일성의 우상을 오랫동안 섬겼지요. 그 죄로 무서운 심판을 받아서 불쌍한 동포들이 말로 표현 못할 고난을 겪었습니다. 그러고도 북한의 통치자들이 아직도 정신을 못 차리고 있습니다.

남한은 돈과 쾌락의 우상을 섬겨왔습니다. 그 죄로 심판을 받아 양

극화와 자살, 우울증으로 시달리고 있습니다. 그러고도 역시 정신을 못 차립니다.

사랑하는 여러분, 성경은 사람들의 죄로 땅이 고통 받는다고 말합니다. 우리 조상들이 대대로 살아왔고 저와 여러분, 그리고 후손들이 살아갈 이 아름다운 땅이 인간들의 추악한 죄로 신음하고 있습니다. 이 문제를 어떻게 해결할 수 있을까요?

역대하 7장 14절은 말합니다. "내 이름으로 일컫는 내 백성이 그들의 악한 길에서 떠나 스스로 낮추고 기도하여 내 얼굴을 찾으면 내가 하늘에서 듣고 그들의 죄를 사하고 그들의 땅을 고칠지라."

우리 민족이 살 길은 악한 길에서 떠나는 것입니다. 하나님이 도와주지 않으시면 아무것도 할 수 없음을 깨닫고 자신을 낮추는 것입니다. 북한을 뒤덮고 있는 김일성 일가의 우상을 태워버려야 합니다. 자신들이 주체라는 거짓된 자만심을 뽑아 버려야 합니다. 한국인들을 사로잡고 있는 황금 숭배, 쾌락의 귀신을 쫓아내야 합니다.

그리고 순수한 구도자(求道者)의 마음으로 돌아가서 하나님의 얼굴을 찾아야 합니다. 그러면 하나님이 우리의 기도를 들으실 것입니다. 회개하는 민족의 죄를 용서하실 것입니다. 우리의 땅이 회복될 것입니다. 하나님의 용서와 사랑과 회복, 그것만이 이 민족의 소망입니다.

현실은 참으로 답답합니다. 천안함에서 꽃다운 젊은이들이 생명을 잃었는데, 또 다시 연평도의 참화가 일어나니, 끔찍하기도 합니다. 이럴 때일수록 우리는 하나님의 말씀을 생각하고 붙잡고 의지해야 합니다.

　저는 역대하 7장 14절의 말씀을 오랫동안 묵상했습니다. 그것은 심판의 말씀이지만 동시에 회복의 약속입니다. 회개하고 기도하면, 이 민족이 하나님께로 돌아오면 하나님이 살려주신다는 소망입니다. 이 말씀을 묵상할 때, 저의 마음이 뜨거워졌습니다. 연평도의 비극에도 불구하고 저는 다시금 사랑하는 우리 민족과 대한민국을 향한 희망을 갖게 되었습니다.

　비록 아직도 정신 차리지 못했지만, 비록 여전히 회개하지 않고 죄 가운데 빠져있지만, 포기하지 않고 하나님께 매달리는 구국의 기도자들이 일어날 때, 이 민족은 성령의 지배를 받게 될 것입니다. 하나님의 영이 임하실 때, 사람들은 참되게 회개하며 죄의 심판에서 벗어날 것입니다. 그리고 대한민국은 다시금 번영하게 될 것입니다. 고통과 슬픔에 젖어있는 이 땅은 하나님의 은혜로 회복될 것입니다.

　어떠한 순간에도 희망을 버리지 않고, 기도로 민족의 미래를 열어가는 신앙인들이 되시기를 주님의 이름으로 축원합니다.

▲ 22호 정치범 수용소 중봉지구 위성사진

1. 철도인입선 / 2. 갱입구 및 갱사무실 / 3. 화약고 / 4. 석탄 / 5. 정치범 독신자합숙소
6. 정치범 독신자합숙소 / 7. 정치범 독신자합숙소 / 8. 갱입구 및 갱사무실 / 9. 탄광보위부
10. 정치범 병원 / 11. 정치범 가족마을 / 12. 벽돌공장 / 13. 정치범 가족마을 / 14. 탈곡장
15. 화약고 / 16. 화약고(경비대관리)

강철환, 〈수용소의 노래〉

"열 살에 수용소에 잡혀 들어가 3개월째 되었을 때 펠라그라 병에 걸렸다. 눈 주위가 다 벗겨지고 피부가 벗겨지고 손톱이 뒤집어졌다. 그때가 영양실조 1단계이다. 이때 닥치는 대로 주워먹지 않으면 살아남을 수 없다.

가령 수용소에 나도는 바퀴벌레, 지렁이, 뱀, 쥐 등을 주워먹은 아이들은 살아남고 그렇지 못한 아이들은 다 죽게 된다. 2단계는 몸이 붓기 시작하고 3단계에서 그 부기가 빠지면서 죽는다. 3단계에서는 항문이 열리면서 음식을 먹여도 소용이 없다…."

짐승들의 제국, 인자의 나라

> 내가 또 밤 환상 중에 보니 인자 같은 이가 하늘 구름을 타고 와서 옛적부터
> 항상 계신 이에게 나아가 그 앞으로 인도되매 그에게 권세와 영광과 나라를 주고
> 모든 백성과 나라들과 다른 언어를 말하는 모든 자들이 그를 섬기게 하였으니
> 그의 권세는 소멸되지 아니하는 영원한 권세요
> 그의 나라는 멸망하지 아니할 것이니라 (다니엘서 7:13-14)
>
> 인자가 온 것은 섬김을 받으려 함이 아니라 도리어 섬기려 하고
> 자기 목숨을 많은 사람의 대속물로 주려 함이니라 (마가복음 10:45)

신약 성서에 '인자'(人子)라는 단어가 82번 나옵니다. 그중에 81번은 예수님이 자신을 가리켜 말씀하셨습니다. 흥미롭게도 하나님의 아들이신 예수님은 오히려 사람의 아들이라는 호칭을 즐겨 사용하셨습니다. 인자라는 용어가 처음 등장하는 본문은 구약의 다니엘서 7장입니다.

하나님의 사람 다니엘이 환상을 봅니다. 네 마리의 무시무시한 짐승이 등장하는 환상이지요. 그 환상이 무슨 뜻인지 천사가 풀이해줍니다. 천사의 해석을 들어봅시다.

다니엘서 7장 17절입니다. "그 네 큰 짐승은 세상에 일어날 네 왕이라"

네 왕이 다스릴 네 개의 제국을 성경은 네 마리 짐승에 비유했습니다. 첫 번째 짐승은 사자입니다. 사자처럼 온 세상을 집어삼킨 바벨론을 상징합니다. 두 번째 짐승 곰은 메디아와 페르시아입니다. 이 곰은 세 개의 갈비뼈를 물고 있습니다. 그것은 메디아와 페르시아가 바벨론, 리디아, 이집트의 세 나라를 정복한 것을 의미합니다.

세 번째 짐승은 표범으로 알렉산더 제국입니다. 성경에 보면 표범이 네 개의 날개와 네 개의 머리를 가지고 있습니다. 그것은 알렉산더 대왕이 죽은 뒤에 네 개의 나라로 분열된 것을 보여줍니다. 네 번째 짐승은 사납고 무서우며 쇠로 된 이빨을 가지고 열 개의 뿔을 가졌습니다. 이것은 역사상 가장 강력한 나라인 로마입니다.

바벨론, 메디아와 페르시아, 알렉산더 제국, 로마 이 네 나라를 빼놓고는 인류의 역사를 논할 수 없습니다. 그들은 광활한 대지를 진군했고 끝없는 바다를 항해했으며 수많은 나라들을 정복했습니다. 학문과 예술과 문화를 발전시켰고 경제를 부흥시켰습니다. 대단한 나라들입니다. 그러나 그 찬란한 자취와 업적들은 모두 겉으로 드러난 모습일 뿐입니다.

성경은 겉이 아니라 속을 봅니다. 외양이 아니라 본질에 주목합니다. 그래서 다니엘이 본 네 제국의 환상은 짐승이었습니다. 위대한 인간들이 쌓아올린 대단한 업적을 향하여, 성경은 겉으로는 아무리 화려해보여도 결국에는 "짐승 놀음"이었다고 평가합니다.

참으로 혁명적인, 성경의 역사관입니다. 과연 그럴까요? 성경이 너무 부정적으로 묘사하는 것은 아닐까요? 역사의 속살을 가만히 들여다보면, 성경의 평가에 수긍하게 됩니다. 네 개의 제국 가운데 가장 강력했던 나라가 로마입니다.

로마에서도 가장 강력했던 황제가 네로입니다. 네로는 자신의 이복동생 브리타니쿠스를 독살했습니다. 아내 옥타비아와 스승 세네카에게 자살을 명령했습니다. 친어머니 아그리피나와 동거하다가 부하를 보내서 칼로 찔러 죽였습니다.

네로는 예술을 사랑했습니다. 실제로 네로 치하에서 로마의 문화가 융성했습니다. 황제의 몸으로 네로는 직접 연극에 출연하기도 했습니다. 어느 공연에서 네로가 들고 있던 물건을 떨어뜨리는 실수를 했습니다. 연극이 끝난 뒤에 네로의 애인이었던 포파에아가 이렇게 말했습니다. "완벽했어요. 너무 연기를 잘하셔서 폐하가 떨어뜨린 것을 아무도 눈치 채지 못했어요."

분명히 칭찬한 말이었는데, 떨어뜨렸다는 한마디가 네로를 자극했습니다. 감히 황제에게 실수했다고 말하다니, 격분한 네로는 포파에아를 때리고 목을 졸랐습니다. 네로의 아이를 임신 중이던 그녀는 그 자리에서 죽었습니다.

동생과 부인과 스승과 자신의 아이를 임신한 애인을 차례로 죽이고 어머니와 동거하다가 역시 죽였다면 이게 사람인가요? 제가 네로 한 사람의 예를 들었습니다. 물론 네로는 좀 심한 케이스입니다. 하지만 로마의 다른 황제들도 크게 다르지 않습니다.

로마가 아닌 다른 나라의 궁정에서 벌어진 일도 비슷하지요. 겉으로는 막강하고 찬란하고 화려합니다. 하지만 안으로 들어가 보면 이게 사람이 하는 일인지 짐승이 하는 짓인지, 구분이 안 됩니다. 권력은 부패하고 절대 권력은 절대로 부패하게 됩니다.

오늘날에도 짐승의 제국은 굳건히 서 있습니다. 짐승의 역사는 여전히 계속됩니다. 함경남도 요덕군에 북한의 정치범 수용소가 있습니다. 그곳에 10년간 감금되었던 강철환(姜哲煥)씨가 자신의 체험을 책으로 썼습니다. 미국에서 베스트셀러가 되었던 영어판의 제목은 〈평양의 어항〉입니다. 우리말 제목으로 〈수용소의 노래〉로 출판된 책에서 몇몇 부분을 인용합니다.

"열 살에 수용소에 잡혀 들어가 3개월째 되었을 때 펠라그라 병에 걸렸다. 눈 주위가 다 벗겨지고 피부가 벗겨지고 손톱이 뒤집어졌다. 그때가 영양실조 1단계이다. 이때 닥치는 대로 주워 먹지 않으면 살아남을 수 없다.

가령 수용소에 나도는 바퀴벌레, 지렁이, 뱀, 쥐 등을 주워 먹은 아이들은 살아남고 그렇지 못한 아이들은 다 죽게 된다. 2단계는 몸이 붓기 시작하고 3단계에서 그 부기가 빠지면서 죽는다. 3단계에서는 항문이 열리면서 음식을 먹여도 소용이 없다… .

쥐는 아주 고급 음식이고 도롱뇽 같은 것도 먹고 지렁이도 먹고 정말 타잔처럼 살았다. 그렇게 해서 저는 1차 영양실조에서 벗어났고 조금씩 적응이 되면서 살아남게 되었다. 그렇게 살다보면 점차 나이에 비해 키가 작아지면서 원숭이처럼 된다. 또 일만 하니까 팔이 길어진다. 수용소의 사람들은 그야말로 짐승화된 사람들이다."

실제로 북한의 수용소 출신들은 멀리서 보아도 알 수 있다고 합니다. 키가 작고 팔이 길고 원숭이처럼 걸으면서 짐승 같은 눈빛으로 두리번거립니다. 그러면 강철환은 어쩌다가 열 살 나이에 정치범 수용소에 갇히게 되었을까요? 그의 할아버지가 재일교포로 조총련을 세우는 데 앞장섰습니다. 전 재산을 김일성에게 헌납하고 일본을 떠나 북한으로 들어왔습니다. 그것이 수용소에 간 이유였습니다.

일본에서 살았었기 때문에, 외부 세계가 어떤 지를 주민에게 얘기해 줄 가능성이 있습니다. 그러면 주민들이 북한의 상황에 대해서 불만을 품을 가능성이 있지요. 정말로 일본 얘기를 했다는 것이 아닙니다. 할 가능성이 있다는 것입니다.

북한에서는 조금이라도 잠재적인 위협 세력이 될 가능성이 있는 사람은 모두 수용소로 보냅니다. 그것도 본인만이 아니라 삼대(三代)에 걸쳐서 가족 모두를 끌고 갑니다. 할아버지가 일본에서 살았던 경력이 있다는 이유로 아버지, 손자 대까지 짐승처럼 살아야 했습니다.

현재 북한의 수용소에는 20만여 명이 갇혀 있습니다. 제가 예로든 요덕 수용소는 그중에서 중간 정도에 해당한다고 합니다. 그보다 훨씬 끔찍한 곳도 많습니다. 수용소에 잡혀간 한 사람 한 사람의 사연을 연구해보면 참 기가 막힙니다.

북한에서 제일 중요한 법이 〈유일사상 체계 확립을 위한 10대 원칙〉입니다. 제1조가 이렇게 시작됩니다. "위대한 수령 김일성 동지의 혁명 사상으로 온 사회를 일색화(一色化)하기 위하여 몸 바쳐 투쟁하여야 한다."

1조부터 10조까지가 "위대한" 혹은 "경애하는" 수령으로 시작됩니다. 그 중에 3조에 이런 내용이 있습니다. "경애하는 수령 김일성 동지의 초상화, 석고상, 동상, 초상 휘장, 수령님의 초상화를 모신 출판물, 수령님을 형상화한 미술 작품, 수령님의 현지 교시판, 당의 기본 구호들을 정중히 모시고 다루며 철저히 보위하여야 한다."

보통 정중히 모시라는 말은 사람에게 쓰입니다. 그런데 북한에서는 이 말이 종이 쪼가리 하나에도 쓰일 수 있습니다. 김일성·김정일의 사진이 들어가 있다면, 종이 한 장이라도 정중히 모셔야 합니다.

실제로 사진 때문에 수용소에 들어간 사람이 숱하게 많습니다. 신문지가 있길래 아무 생각 없이 깔고 앉았습니다. 그런데 그 신문에 김정일의 사진이 실려 있었습니다. 그것 때문에 할아버지 아버지 손자 3대가 모두 수용소에 끌려갑니다.

북한에는 "정성 사업"이라는 것이 있습니다. 매일 김일성과 김정일의 사진이 들어간 액자를 정성스럽게 수건으로 닦는 일이지요. 김일성 액자를 닦았던 수건은 다른 곳에는 쓰면 안 됩니다. 그런데 책상 닦았던 수건으로 김일성 액자를 닦으면 그것 때문에 끌려갑니다. 수령의 사진이 들어있는 액자를 닦다가 실수로 떨어뜨려서 액자가 깨져도 역시 수용소에 가야 합니다.

수용소보다 더 심각한 문제는 "수용소화"입니다. 북한 전체가 수용소화되는 문제입니다. 수용소만이 아니라 북한 전역에서 영양실조에 걸리고 굶어죽는 일이 흔하게 일어납니다.

펠라그라병의 심각한 증상 중의 하나는 정신 이상입니다. 하도 배가 고파서 미쳐버리면 세상이 모두 먹을 것으로 보입니다. 어느 날 배고픈 아버지 눈에 살찐 돼지 한 마리가 튀어나오는 것이 보입니다. 너무 좋아서 잡아먹었습니다. 정신 차리고 보면 돼지가 아니라 아들이었습니다.

부모가 미쳐서 자식을 잡아먹은 사례가 수용소에서만이 아니라 일반 주민들의 거주지에서 숱하게 일어났습니다.

사람이 바퀴벌레를 잡아먹고 살고 있습니다. 거기에서 더 나아가 사람이 미쳐서 사람을 잡아먹습니다. 그렇다면 어떻게 해서라도 그들을 구출해야 합니다. 사람이 사람답게 살도록 도와주어야 합니다. 그런데 우리 정부가 한 일을 살펴보면 또 한 번 기가 막힙니다.

1970년 4월 29일 서해 바다에서 고기를 잡던 어선 봉산 22호가 북한 경비정에 납치되었습니다. 이때 끌려간 선원 이재근(李在根)씨가 30년 만에 북한을 탈출했습니다. 기독교 단체의 도움을 받아서 중국에서 은신했습니다.

그가 2000년 4월 20일 청도의 한국 영사관에 전화를 걸었습니다. 제발 고향으로 돌아가도록 도와달라고 사정을 했습니다. 그에게 한국의 외교관이 이렇게 대답했습니다. "말을 알아듣지 못하는군요. 가족들의 힘을 빌려서 한국으로 갈 수단을 강구해야지요. 어떻게 국가에 폐를 끼치는 겁니까? 당신, 대한민국에 세금내고 있습니까?"

이 일이 일어난 때가 2000년입니다. 서기 2000년에 김대중 대통령은 남북 관계를 개선한 업적으로 노벨 평화상을 받았습니다. 그런데 이재근씨는 강제로 납치되어서 인간 이하로 삼십년을 살다가 구사일생으로 탈출한 뒤에 정부에게 거절당했습니다. 노벨상 받은 대통령의 정부가 납치된 국민 구출하기를 거절했습니다. 대통령은 노벨상 받았는데, 그 나라 국민은 납치되었다가 탈출하고도 정부로부터 외면당했습니다.

제가 소개한 사례들은 모두 책에 나오는 이야기들입니다. 누구나 읽을 수 있도록 공개적으로 출판된 책에서 인용했습니다. 책이 아니라 직접 보고 들은 북한과 대한민국의 이야기는 이보다 더 황당하고 끔찍하고 생생한 사례들이 많습니다. 그걸 다 공개하기에는 민감한 부분이 많습니다. 제가 듣고 본 이야기는 거의 한 적이 없지만, 결론만 말씀드리고 싶습니다.

이 나라의 몇몇 정부가 북한 주민과 탈북자들에게 한 짓을 하나하나

조사해보면, 내가 대한민국 국적을 가졌다는 사실이 몸서리쳐지도록 부끄럽습니다. 북한 주민들의 참상을 외면할 뿐 아니라 그들에게 고통을 더하기도 했습니다. 북한 동포들을 괴롭히는 집단에게 대한민국 국민들이 고생해서 낸 세금을 갖다 바쳤습니다.

그런 짓들을 저지르고도 나라가 망하지 않은 것이 신기할 정도입니다. 북한을 연구한 다음부터 저는 이 나라에 대해서 오래 참고 인내하시면서 심판하지 않고 기다려주시는 하나님의 엄청난 은혜에 대해서 날마다 감사 기도를 드립니다.

성경은 절대 권력으로 군림했던 제국들이 사실은 짐승들의 나라였다고 지적합니다. 그 메시지는 과거에나 현재에나 정확하게 들어맞습니다. 다니엘서는 짐승의 환상을 보여주고 그다음에 인자를 말합니다.

다니엘서 7장 13절입니다. "내가 또 밤 환상 중에 보니 인자 같은 이가 하늘 구름을 타고 와서 옛적부터 항상 계신 이에게 나아가 그 앞으로 인도되매"

끔찍하고 무시무시한 짐승 네 마리가 계속해서 등장했습니다. 세 개의 갈비뼈를 물고 있고 머리가 네 개이고 쇠 이빨로 닥치는 대로 물어뜯는 모습은 공포 그 자체입니다. 이런 공포스런 분위기 속에서 갑자기 인자가 나타나셨습니다.

괴물 같은 짐승들이 차례로 지나간 다음에 마침내 사람처럼 보이는 분이 나타나셨습니다. 짐승의 시대를 끝장내고 인간의 시대를 여실 분이 오신다는 것입니다. 그분이 하늘 구름을 타고 오셨습니다. 옛적부터 계신 하나님 앞에 나아가서 서셨습니다. 사람이 사람답게 사는 세상을 만들기 위해서 하나님이 짐승의 시대에 사람의 아들을 세우신다는 뜻입니다.

다니엘서 7장 14절입니다. "그에게 권세와 영광과 나라를 주고 모든 백성과 나라들과 다른 언어를 말하는 모든 자들이 그를 섬기게 하였으니 그의 권세는 소멸되지 아니하는 영원한 권세요 그의 나라는 멸망하지 아니할 것이니라."

짐승들의 제국은 모두 멸망합니다. 그러나 하나님이 보내신 인자가 세울 나라는 영원하리라고 성경은 선언합니다. 이 인자의 시대를 여신 분이 예수님이십니다.

마가복음 10장 45절입니다. "인자가 온 것은 섬김을 받으려 함이 아니라 도리어 섬기려 하고 자기 목숨을 많은 사람의 대속물로 주려 함이니라."

인간의 시대를 열기 위한 예수님의 방법이 여기에 나와 있습니다. 그것은 몸값을 지불하신 것입니다. 몸값을 지불하는 행위를 "구속"이라고 합니다. 구속이란 돈을 주고 노예를 사서 풀어주는 행동입니다.

사랑하는 여러분, 우리는 본래 죄의 노예였습니다. 우리의 힘으로는 죄를 이길 수 없었습니다. 죄 짓지 않고 사는 사람은 한 사람도 없었습니다. 죄의 문제를 해결하지 못한 인생은 심판을 받고 지옥에 가야만 했습니다. 우리의 능력으로는 죄와 심판과 지옥을 벗어날 수 없기에, 우리는 모두 노예였습니다.

그런데 예수님이 우리를 구속하셨습니다. 노예인 나를 사서 풀어주기 위하여 값을 지불하셨습니다. 인자이신 예수님이 무엇을 값으로 지불하셨나요? 그분의 목숨이었습니다. 내가 죽어야 하는데 예수님이 대신 죽으셨습니다.

내가 지옥에 갔어야 하는데 예수님이 지옥의 고통을 대신 당하셨습니다. 나를 대신해서 죽으신 고난을 대가로 지불하시고 예수님이 나를 사셨습니다. 생명의 값을 치르심으로 예수님은 저와 여러분에게 자유와 해방과 생명과 구원을 주셨습니다.

사랑하는 여러분, 우리 시대의 상황은 예수님의 구속을 글자 그대로 실천할 수 있는 기회입니다. 이천 삼백만 동포들이 김일성 일가(一家)의 노예로 잡혀있습니다. 그들을 구출해야 합니다. 그러려면 값을 지불해야 합니다. 우리가 지불할 수 있는 값, 무엇일까요?
기도해야 합니다. 북한에 대해서 책을 읽고 연구해야 합니다. 북한 주민들, 탈북자들, 수용소 탈출자들의 수기를 부지런히 읽고 주변에 알리고 인터넷에 댓글로 달아야 합니다.
제일 직접적인 방법은 돈입니다. 예수님은 목숨으로 몸값을 지불하셨습니다. 우리는 그보다 훨씬 쉽게 지갑으로 몸값을 지불할 수 있습니다. 내가 번 돈으로 사람을 살릴 수 있습니다. 정말 가슴 뛰는 일 아닙니까? 정말 멋진 일이 아닌가요? 한번 해볼 만한 일 아닙니까?

제가 작년에 천안함 사태를 보고 몇 가지를 결심했습니다. 그 중의 하나가 내 돈으로 최소한 북한 주민 한 사람을 구출하는 것이었습니다. 외국 생활하다가 들어온 개척교회 목사가 구출 비용을 모으기는 쉽지 않습니다. 하지만 사람 생명이 달린 일이라면, 일을 몇 가지 더

해서라도 돈을 모으면 됩니다. 저와 제 아내가 대화를 나누면서 이 일을 하기로 결정했습니다.

그런데 바로 그 주간에 희한한 일이 일어났습니다. 저와 제 아내에게 각각 봉투가 배달되었습니다. 50만 원씩 들어있는 겉면에 이렇게 적혀 있었습니다. "이호 마음대로 하기", "영선 마음대로 하기"

제가 무슨 일을 한 것도 아닙니다. 그저 힘에 부치는 일이지만 해보겠다고 결심했을 뿐입니다. 그런데도 하나님께서 시작도 하기 전에 물질을 공급해 주셨습니다. 그것도 마음대로 쓰라고 보너스를 주셨습니다. 먼저 하나님의 나라와 하나님의 의를 구하면 모든 것을 더하시는 하나님의 은혜를 저는 또 한 번 체험했습니다.

그 은혜가 한 번에 그친 것이 아닙니다. 이 시대를 살아가는 그리스도인으로서 짐승들의 제국에 갇혀있는 한 사람이라도 구하겠다고 결심한 다음부터, 저의 통장 잔고가 자꾸만 늘어났습니다. 하나님께 은혜를 받으면 정말 좋습니다. 그중에서도 은혜가 현찰로 나타날 때가 제일 좋습니다.

저는 대한민국 오천만 국민 중의 한사람입니다. 제가 가진 재산은 어쩌면 오천만 분의 일이 채 안 될 수도 있습니다. 오천만 분의 일밖에 안 되는 사람이 오천만 분의 일도 안 되는 재산을 가지고 요동치는 한반도 그 역사의 현장에 뛰어들어서 무언가를 하려고 할 때마다 저는 세 가지를 느꼈습니다.

첫째로 내가 정말 살아있구나, 산다는 게 이렇게 멋있구나, 이게 정말 사는 것이구나. 둘째로 세상은 여전히 눈부시게 아름답고 인생은 살아볼 가치가 있구나. 셋째로 하나님이 나 같은 것을 이토록 사랑하시는구나. 제가 깨달았던 의미와 기쁨을 교우들에게도 전하고 싶습니다.

사랑하는 여러분, 국가의 주인은 국민입니다. 이 나라 역사의 주인도 국민입니다. 파란만장한 대한민국의 역사에 구경꾼으로 살지 마십시오. 여러분이 주인공입니다. 예수님은 짐승의 시대를 끝장내시는 사람의 아들로 이 땅에 오셨습니다.

그 예수님을 믿는 사람이라면, 언제든지 어디서든지 사람이 사람답게 사는 세상을 만드는 일에 동참해야 합니다. 새해에는 여러분의 기도와 여러분의 헌금으로 북한 주민을 한 사람이라도 구출하시기를 바랍니다.

인자로 오신 예수와 더불어 한반도에서 짐승의 제국을 무너뜨리고 인간의 시대를 열어가는 참된 신앙인들이 되시기를 주님의 이름으로 축원합니다.

◀ 북한의 꽃제비들, 그 가슴 시린 풍경

"가장 중요한 일을 해결하면 그 사람이 주인공입니다. 한반도에서 가장 중요한 일을 풀어내면, 그 사람이 한반도 전체의 역사를 움직이는 주역입니다. 그러면 21세기 한반도에서 제일 중요한 일이 무엇일까요? 북한 동포들이 굶어죽는 일입니다."

너희가
먹을 것을 주라

때가 저물어가매 제자들이 예수께 나아와 여짜오되 이 곳은 빈 들이요
날도 저물어 가니 무리를 보내어 두루 촌과 마을로 가서 무엇을 사 먹게 하옵소서
대답하여 이르시되 너희가 먹을 것을 주라 하시니 여짜오되 우리가 가서
이백 데나리온의 떡을 사다 먹이리이까 이르시되 너희에게 떡 몇 개나 있는지
가서 보라 하시니 알아보고 이르되 떡 다섯 개와 물고기 두 마리가 있더이다 하거늘
제자들에게 명하사 그 모든 사람으로 떼를 지어 푸른 잔디 위에 앉게 하시니
떼로 백 명씩 또는 오십 명씩 앉은지라 예수께서 떡 다섯 개와 물고기 두 마리를
가지사 하늘을 우러러 축사하시고 떡을 떼어 제자들에게 주어 사람들에게 나누어
주게 하시고 또 물고기 두 마리도 모든 사람에게 나누시매 다 배불리 먹고 남은
떡 조각과 물고기를 열두 바구니에 차게 거두었으며 떡을 먹은 남자는
오천 명이었더라 (마가복음 6:35-44)

오늘의 본문은 그 유명한 "오병이어의 기적"입니다. 35절에 등장하는 제자들의 목소리는 비유의 배경을 소개합니다. "이 곳은 빈들이요 날도 저물어가니"

텅 빈 들판에 남자만 오천 명이나 되는 사람들이 모여 있습니다. 날이 저물어갑니다. 저녁 식사 시간이 되었지만, 광야에는 먹을 것이 없습니다. 제자들은 사람들을 돌려보내서 각자가 알아서 식사를 해결해야 한다고 건의했습니다.

이에 대한 예수님의 답변이 37절입니다. "대답하여 가라사대 너희가 먹을 것을 주라."

헬라어 원문(原文)에 보면 "너희가"라는 말이 강조되어 있습니다. "그 누구도 아닌 너희가, 다른 사람에게 미루지 말고 너희가, 바로 너희가 오천 명을 먹여라." 예수님은 명령하셨습니다.

이것은 명령인 동시에 초대입니다. 왜냐하면 오천 명 먹이라는 명령에는 오천 명 먹일 수 있는 능력을 주신다는 약속이 수반되어 있기 때문입니다. 북한에서 400만 동포들이 굶어죽었습니다. 그들을 바라보면서 주님은 우리에게 명령하십니다. "너희가 먹을 것을 주라."

이 명령을 자세히 풀면 이런 말씀입니다. "내가 굶주리는 북한 사람들을 먹일 능력을 너희에게 줄 것이니, 너희가 내 능력을 받아서 그들에게 먹을 것을 주라." 주님이 오늘 저와 여러분에게 말씀하고 계신 줄로 믿습니다.

우리가 먹을 것을 주려면, 첫째로 내가 가진 것을 나누어야 합니다.
요한복음에 의하면 한 아이가 예수님께 도시락을 드렸습니다. 뚜껑을 열어보니 오병이어, 보리떡 다섯 개와 물고기 두 마리가 있었습니다. 그 당시 사람들의 주식은 밀이었습니다. 밀을 살 돈이 없는 사람들은 대신 보리를 샀습니다. 보리의 값은 밀 값의 3분의 1이었습니다. 그러므로 보리떡 다섯 개는 아주 가난한 사람이 한 끼를 때울 수 있을 정도의 식량입니다.

본문에 사용된 "물고기"라는 단어는 어린아이의 손바닥만 한 물고기를 가리킵니다. 어부들이 그물을 던져서 고기를 잡습니다. 그런데 웬만큼 크고 맛있는 물고기가 잡혀야 팔 수 있지요. 어린애 손바닥만큼 작고 맛도 없는 물고기는 시장에 내놔봐야 사는 사람들이 없습니다. 그렇다고 땀 흘려서 잡은 고기를 놔주기도 아깝습니다. 할 수 없이 이런 고기들을 강가에 쌓아 놓습니다. 그러면 생선을 살 수 없을 정도로 가난한 사람들이 공짜로 가져갔습니다.

　사랑하는 여러분, 성경이 참으로 놀라운 이야기를 합니다. 오천 명을 먹이는 위대한 기적의 재료는 재벌이 차린 진수성찬이 아니었습니다. 밀을 살 수 없을 만큼 가난한 사람들이 먹는 보리떡과 생선을 살 수 없을 만큼 궁핍한 사람들이 주워가는 물고기였습니다.
그 보잘 것 없는 도시락을 한 아이가 주님께 드렸습니다. 그 중심을 보시고 주님이 기적을 일으키셨습니다. 만약 이 도시락을 혼자서 먹으려고 움켜쥐고 있었으면, 아무 일도 일어나지 않았을 것입니다. 그걸 내놓을 때, 그 도시락을 드릴 때, 거기서 기적이 일어났습니다.

우리가 먹을 것을 주려면 둘째로 기도해야 합니다.
41절 상반절을 봅시다. "예수께서 떡 다섯 개와 물고기 두 마리를 가지사 하늘을 우러러 축사하시고" 축사하셨다는 말은 축복의 기도를 드리셨다는 뜻입니다.
　유대인들은 식사할 때마다 하나님께 기도를 올렸습니다. 전통적인 유대인의 기도문을 소개합니다. "우리의 주인이신 하나님, 세상의 왕이신 하나님, 땅의 소산물을 생산케 하셔서 지금 우리가 빵을 먹을 수 있게 도와주신 하나님, 우리에게 복을 주옵소서."
　참 경건하고도 중요한 기도입니다. 지금도 세상에 굶주리는 사람들이 참 많습니다. 하루 세끼를 못 먹는 사람이 30억에 이릅니다. 세상의 어느 곳에선가, 0.6초에 한 명씩 굶어서 죽어갑니다. 이런 비극적인 세상에서 우리가 밥 한 그릇 먹는다는 것이 얼마나 큰 은혜인지요. 하는 둥 마는 둥 대충 식사 기도를 하셨던 분들은 유대인의 기도를 보고 배우셔야 합니다. 아마 예수님도 이런 유대인의 관습을 따라 기도

하셨을 것입니다. 기도하시고 나누어주실 때 기적이 일어났습니다.

오병이어의 기적은 나눔과 기도로 일어났습니다. 탈북자를 구출하는 기적도 똑같은 과정으로 일어납니다. 2012년 1월에 제가 새해를 맞이하여 교인들에게 설교했습니다. "올 한 해 우리가 역사의 주인공이 될 수도 있고 주변부로 밀려날 수도 있습니다. 어떻게 주인공이 될 수 있을까요? 가장 중요한 일을 해결하면 그 사람이 주인공입니다. 한반도에서 가장 중요한 일을 풀어내면, 그 사람이 한반도 전체의 역사를 움직이는 주역입니다."

그러면 21세기 한반도에서 제일 중요한 일이 무엇일까요? 북한 동포들이 굶어죽는 일입니다. 우리나라, 남한과 북한 전체를 놓고 생각해봅시다. 여러분이 좋은 대학 가는 것이 북한 동포 굶어죽는 문제보다 중요할까요? 여러분이 좋은 직장 얻어서 잘 먹고 잘 사는 것이 먹을 것이 없어서 사람이 죽는 문제보다 중요한가요? 좋은 대학 가고 좋은 직장을 얻고 좋은 배우자 만나는 것이 나에게 제일 중요한 일일 수는 있겠지요. 그러나 그것이 우리 민족에게 가장 절실한 일인가요?

사람 사는 세상에서는 먹고 사는 문제가 제일 기본입니다. 일단 사람이 먹고 살게 된 다음에 문화도 있고 취미도 있고 놀이도 있는 법입니다. 사람이 굶어죽을 지경이면, 다른 것들은 아무 의미가 없습니다. 우리가 스트레스 받아가면서 일하고 노력하고 하는 일들이 따지고 보면 먹고 살자고 하는 일입니다.

주인공은 제일 중요한 문제를 해결하는 사람입니다. 한반도에서 제일 중요한 문제, 북한 동포들 먹이고 살리는 문제에 뛰어들면 역사의 주인공이 됩니다. 이런 내용으로 1월에 설교를 했는데, 10월에 교인

하나가 500만 원을 들고 찾아왔습니다. 공장에서 일하는 청년이 한 달에 50만 원씩 열 달을 모아서 저에게 가져온 것입니다.

교인이 고생해서 모은 헌금을 앞에 놓고 보니, 마음이 짠해졌습니다. "주님, 우리 형제가 땀 흘려서 모은 돈이 헛되이 쓰이지 않도록, 사람 살리는 일에 잘 사용될 수 있도록 도와주세요…." 기도를 채 마치기도 전에, 전화가 한 통 걸려 왔습니다. 강남의 변호사들이 모인 로펌에서 설교를 해달라고 요청했습니다.

변호사들의 모임에서 설교를 하는데, 하나님이 특별한 은혜를 부어 주셨습니다. 사법 연수원생들의 수련회에 또 강사로 섬겨달라고 부탁을 받았습니다. 덕분에 여러 변호사들을 알게 되었습니다. 밤을 새워 대화를 나누고 치킨도 먹으면서 가까워졌습니다.

저는 탈북자 사역을 위해서 기도하는데, 하나님은 변호사들을 연결시켜 주셨습니다. '이게 어떻게 된 일이지?….' 이상하게 생각했는데, 나중에야 그 이유를 알게 되었습니다. 구출된 탈북자들을 만나보니, 법적인 도움이 너무 많이 필요했습니다. 그때마다 제가 알고 있는 변호사들이 큰 도움이 되었습니다.

만약 제가 변호사들을 개인적으로 몰랐다면, 사역이 어려웠겠지요. 제가 변호사들 찾아다니면서 부탁을 해봤자, 잡상인 취급이나 받았을 것입니다. 집회를 통해서 만난 변호사들이 진심으로 북한 동포들을 도와주었습니다. 탈북자들을 도우면서 변호사들이 오히려 은혜를 받았다고 간증하기도 했습니다.

지난번에는 탈출하다가 예수님을 만난 자매님이 변호사 사무실을 찾아갔습니다. 그녀의 간증을 들으려고 바쁘고 잘나가는 변호사들 세 명이 모였습니다. 살아있는 순교자의 간증을 들으면서 변호사들이 은혜를 받고 감사해했습니다. 일에 쫓기면서 사느라 영적으로 죽어갔는데, 간증을 듣고 오히려 살아났다고 기뻐했습니다.

하나님은 이렇게 절묘하게 인도하셨습니다. 저는 그저 헌금이 잘 쓰이게 해달라고 기도했을 뿐인데, 하나님은 제가 생각하지도 못했던 변호사들을 만나게 하셨습니다. 그들을 통해 탈북자들에게 귀중한 도움이 베풀어지게 하셨습니다.

기도하는 중에 알게 된 변호사님 한 분을 통해서 또 다른 동역자들이 연결되었습니다. 그중에 A선생이 있습니다. 북한 동포들에게 목숨을 걸고 복음을 전하는 분입니다. 그분을 뵙고 제가 깜짝 놀랐습니다.

머리가 다 빠지셔서 가발을 쓰고 계셨습니다. 목소리가 음성 변조를 한 것처럼 이상하게 들렸습니다. 알고 보니 이미 십여 년 전에 암으로 사형 선고를 받으셨습니다. 항암 치료를 하다가 머리가 다 빠지셨고 암이 여기저기 전이가 되어서 목소리도 상하셨습니다.

병원에서 들은 말대로라면, 돌아가셔도 벌써 돌아가셨을 분이 십여 년이 넘도록 살아계십니다. 살아계신 정도가 아니라 거칠고 위험한 사역을 계속하고 계십니다. 몸도 성치 않으신데, 어떻게 이런 일을 하시느냐고 제가 여쭈어 보았습니다. 그분이 북한 사역에 뛰어든 계기가 된 사건을 말씀해 주셨습니다.

암 선고를 받고 중국으로 떠나셨다고 합니다. 복음 전하다가 죽겠다고, 선교사로 나선 거지요. 중국에서 사역하시는데, 하나님이 북한에 복음을 전하라는 감동을 주셨습니다. "제가 몸도 성치 않은데, 어떻게 그런 일을 합니까?" 하고 A선생이 기도하는데, 누군가 문을 두드렸습니다.

열어보니, 북한 청년 두 사람이 서 있습니다. 두 청년이 목숨을 걸고 두만강을 건너서 삼일 동안을 걸었답니다. 수소문 끝에 우여곡절을 거쳐서 마침내 선생을 찾아온 것입니다.

왜 나를 찾았느냐고 물었더니, 궁금한 것이 있어서라고 합니다. 뭐가 궁금하느냐고 물었더니 예수가 궁금하더랍니다. 한 청년의 조선족 친척이 북한에 왔다가 예수님 얘기를 했습니다. 북한에서 기독교 얘기를 했다가는 당장에 처형당합니다.

그런데도 위험을 무릅쓰고 예수님 믿어야 한다고 말하고 갔습니다. 처음에는 별 미친 소리를 들었다고 생각했답니다. 그런데 시간이 지나면 지날수록, 자꾸 궁금해집니다. '도대체 예수가 누구인가? 예수가 누구이길래 저렇게 목숨을 걸고 예수를 말하는가?'

그 예수를 알고 싶어서, 북한 청년이 두만강을 건너고 삼일을 꼬박 걸었습니다. 아무 정보도 없이 무작정 찾아갔는데, 기가 막히게 A선생과 연결이 되었습니다. 그들에게 복음을 전하면서 A선생이 하나님이 이 일을 위해서 부르셨다는 사명을 깨달으셨다고 합니다.

여러분, 이게 진짜 아닙니까? 이게 진짜로 하나님이 살아계시다는 스토리 아닙니까? 목이 두 개가 있는 것도 아닙니다. 모가지가 하나밖에 없습니다. 그런데 예수를 말하면 당장 목이 달아나는 북한에서 예수를 말했습니다. 성경을 준 것도 아니고 체계적인 성경 공부나 강도 높은 제자 훈련을 시킨 것도 아닙니다. 그냥 조심조심 주위를 살펴가면서 숨을 죽이고 목소리를 낮추어서 겨우 예수에 대해서 몇 마디 했습니다.

그런데 그 이야기가 자꾸 귓전에 맴돌았습니다. 견딜 수 없어서 두 청년이 국경을 넘었습니다. 말도 안 되는 얘기 몇 마디 들은 것 때문에 총 맞을 위험을 무릅쓰고 두만강을 건너서 삼일을 걸어갔습니다.

선교사가 뭐하는 사람인지도 모르는 이들이 신기하게도 선교사가 있는 곳까지 찾아갔습니다. 그 선교사님이 북한 선교를 놓고 기도하는 바로 그 시각에 정확하게 선교사님 앞에 도착했습니다.

누가 예수를 말하게 했을까요? 누가 그 예수의 이름이 자꾸만 생각나게 했을까요? 누가 목숨을 걸고 강을 건너게 하고 우여곡절 끝에 선교사를 만나게 했을까요? 사람이 했다고 생각하면 말이 안 됩니다. 사람의 능력으로 되었다고 하면 이해가 안 됩니다. 하나님이 정말로 살아계셔서 그 모든 일들을 이루셨다고 말하는 것 이외에는 달리 설명할 방법이 없습니다.

얼마 전에 탈북 자매님 한분이 아들을 데리고 찾아 왔습니다. 열일곱 살에 중국 사람에게 팔려가서 열아홉에 낳은 아들입니다. 탈출하면서 아이를 업고 열 시간을 걸어서 산을 넘고 바다를 건넜습니다. 온갖 고생을 다해서 데리고 왔지만, 한국에서 아이를 키울 방법이 없습니다. 그래서 좋은 기독교인이 있으면 아이를 입양하고 싶다고 저에게 데리고 왔습니다.

제가 될 수 있으면 아이를 키우시라고 설득했습니다. 양육 비용은 어떻게든 마련해볼 테니까 포기하지 말라고 이야기했습니다. 대화를 나누는 중에 하나님이 제 마음에 감동을 주셔서 일을 저질렀습니다.

"일단 아이를 키워봅시다. 어떻게든 돈을 마련해보겠습니다."

그리고 집에 와서 기도했습니다. 그럴 때는 정말 심령이 가난해집니다. 돈도 없으면서 돈 걱정은 하지 말라고 했으니, 얼마나 마음이 간절해지겠어요! 대충 계산해보니, 당장 300만 원 정도가 필요했습니다. 제가 하나님께 300만 원만 결제해 달라고 간절히 기도했습니다.

사랑하는 여러분, 제가 기도했던 바로 그 일주일간 제 통장에 돈이 얼마가 들어왔을까요? 3350만 원이 넘게 들어왔습니다. 22년 전에 저와 기숙사에서 한방을 썼던 선배가 전화를 했습니다. "누가 탈북자들을 위해서 헌금하고 싶다고 하는데, 갑자기 이호 목사가 생각이 나는거야, 아무래도 하나님이 인도하시는 것 같아서 내가 연결시켜주고 싶어…."

가까운 후배가 전화를 했습니다. "차를 사려고 돈을 모았는데, 헌금할게요. 차를 사면 저 혼자 기쁘지만, 우리 동포들을 구출하면 다 같이 기쁘고 하나님도 기뻐하시잖아요. 그런데 요즘 제가 스트레스를 엄청 받고 있는데, 헌금하려고 결심했더니 마음이 가벼워졌어요."

만난 적도 없는 사업가가 전화했습니다. "제가 돈은 벌만큼 벌어서 한동안 사업을 안했습니다. 그런데 하나님이 탈북자 사역도 때가 얼마 남지 않았다고 하시네요. 우리 동포들 구출하려고 제가 사업을 다시 시작했습니다. 북한 동포들을 위한 일이라면, 제가 돕겠습니다."

일주일에 한번 정기적으로 나라와 민족을 위해서 기도하는 소그룹에서 집사님, 장로님, 권사님들이 십시일반으로 헌금을 하겠다고 전화를 했습니다. "목사님 얘기를 들으니까 눈물이 나네요."

제가 아는 분도 있고 모르는 분도 있었습니다. 자주 연락했던 이들도 있고 정말 오랜만에 연락한 사람도 있고 처음 전화를 받은 분도 있었습니다. 서울, 성남, 대전, 광주 곳곳에서 저에게 전화를 했습니다.

제가 먼저 모금을 한 것이 아닙니다. 돈 보내달라는 말 한마디도 안 했습니다. 탈북자 얘기는 꺼내지도 않았습니다. 그런데 어떻게 아셨는지, 다들 먼저 전화를 해서 돕겠다고 나섰습니다.

제가 어안이 벙벙했습니다. 나는 300만 원만 결제해달라고 했는데

3350만 원이 들어왔으니, 이게 어찌된 일입니까! 그래서 또 다시 기도했습니다. "하나님, 이 돈을 어디에 써야합니까?" 기도하는 가운데 하나님께서 도움이 필요한 곳을 사방에서 연결시켜 주셨습니다.

그중에 한 분, K자매님의 사연을 나누고 싶습니다. 북한을 탈출해서 중국의 고속도로를 달리다가 공안의 불심 검문에 걸렸습니다. 체포되어서 북한으로 북송되었고 일 년이 넘게 감옥에 갇혀 있었습니다. 함께 탈출했던 친구는 지금 대한민국에 무사히 도착해서 살고 있습니다. K자매님이 체포되어서 북송되면서 마지막으로 친구에게 보낸 편지입니다.

하나님의 뜻임을 믿습니다.
내일의 모든 일을 하나님께 맡깁니다. 잊지 않고 명심하겠습니다. 태초부터 나를 계획하시고, 지켜주시고, 오늘까지 있게 해주신 하나님께 감사드립니다.

힘들 수 있으나, 육신에 그치지 않고, 새로운 생명을 가진 자로서, 강하고 담대하게 하나님 나라 위해서 살 수 있도록, 기도 부탁드립니다.

모두 한 사람 한 사람, 건강하시고,
우리 만나는 날 꼭 기원해요.
오늘의 나를 보니 난 부자예요. 마음에 천국을 가졌기에, 하나님을 가졌기에, 두렵지도 힘들지도 않습니다.

두렵고 힘들 때마다 하나님이 나에게 주신 것이라는 것을 명심하겠습니다.
모든 사람, 환경, 또 물질, 하나님이 나에게 주셨기에,
이에 얽매이지 않고 살겠습니다.

순종하고 또 순종하며 살겠습니다.
내가 제일 좋아하는 찬양은 "죽으면 죽으리라" 입니다.

하나님 감사합니다. 매일을 감사하며 살겠습니다.
나의 광야의 길, 시작과 끝은 하나님만이 아십니다.

만나는 날까지 모두 건강하세요. 사랑합니다.

지금 잘못하면 죽을 수도 있는 상황입니다. 지옥과 같은 북한을 탈출해서 중국을 가로지르다가 잡혔으니, 눈앞에서 희망을 놓쳐버린 절망적인 상황입니다. 그러나 이 자매의 마지막 편지는 하나님에 대한 증거로 가득 차 있습니다. 하나님, 하나님의 나라, 순종, 감사 이런 말들로 쓰여 있습니다.

이렇게 신앙을 지키며 고난당하는 순결한 그리스도의 신부들이 우리들의 조국 북녘 땅에 있습니다. 그들을 위해서 기도해야 합니다. 기도해야 기적이 일어납니다.

말씀을 정리하겠습니다. 하나님의 말씀은 살았고 운동력이 있습니다. 하나님의 말씀대로 하면 그대로 이루어집니다. 내가 가진 작은 것을 드릴 때, 그리고 기도할 때, 오병이어로 오천 명을 먹이는 기적이

일어났습니다.

  북한 동포를 위하여 작은 헌금을 모으고 전심을 다하여 부르짖을 때, 굶어 죽고 얼어 죽고 맞아 죽을 사람을 살려낼 수 있습니다. 이 위대한 하나님의 사역에 함께 참여하는 여러분들이 되시기를 주님의 이름으로 축원합니다.

▲ 흑인과 백인을 차별하는 남아프리카 공화국의 경고문

"남아프리카의 기독교 공동체를 찬찬히 살펴보면, 정말 예쁘다는 느낌이 듭니다. 참 예쁘게 믿었고 예배도 예쁘게 드렸습니다. 형제 자매 간에 사랑과 정을 나누면서 예쁘게 살았습니다.

그러나 그것은 어디까지나 백인들끼리 나누었던 "예쁜 짓"이었 습니다. 웃음꽃이 피어나는 그들의 집 대문 밖에는 차별당하고 착취 당한 흑인들이 피를 흘리며 쓰러져 있었습니다."

세상을
바꾸는 슬픔

애통하는 자는 복이 있나니 그들이 위로를 받을 것임이요
(마태복음 5:4)

하나님의 주권과 예정을 철저히 믿는 그리스도인들이 새로운 대륙을 향해서 떠났습니다. 그들의 앞에는 치열한 전쟁과 가혹한 시련이 기다리고 있었습니다. 수많은 사람들이 병으로 죽었고 총에 맞아서 죽었습니다. 그러나 그들은 하나님이 주셨다고 믿는 비전을 끝까지 놓치지 않았습니다. 그것은 "기독교 민족 국가"의 건설이었습니다.

기독교 민족 국가를 건설하기 위해서, 그들은 온갖 시련을 견뎌냈고 이겨냈습니다. 마침내 젖과 꿀이 흐르는 땅을 정복합니다. 광대하고 자원이 풍부하며 아름다운 대지 위에 도시를 세웁니다. 문명을 발전시키고 국가를 건립합니다.

그들의 공동체는 참으로 평화롭고 아름다웠습니다. 기독교 신앙이

법이 되었고 교육이 되었고 삶의 방식이 되었습니다. 이 대단한 기독교 국가의 이름은 무엇일까요?

남아프리카 공화국입니다. 거의 대부분의 지배층이 기독교인이었던 남아프리카 공화국의 대표적인 정책이 무엇인가요? 아파르트헤이트, 인종 차별 정책입니다.

남아프리카의 기독교 공동체를 찬찬히 살펴보면, 정말 예쁘다는 느낌이 듭니다. 참 예쁘게 믿었고 예배도 예쁘게 드렸습니다. 형제자매 간에 사랑과 정을 나누면서 예쁘게 살았습니다. 그러나 그것은 어디까지나 백인들끼리 나누었던 "예쁜 짓"이었습니다. 웃음꽃이 피어나는 그들의 집 대문 밖에는 차별당하고 착취당한 흑인들이 피를 흘리며 쓰러져 있었습니다.

도대체 무엇이 문제일까요? 그들에게는 슬픔이 없었습니다. 자기들끼리 기쁘고 감사하고 하나님을 찬양했습니다. 그러나 자신들 때문에 고통당하는 흑인들의 슬픔은 외면했습니다. 시대를 향한 아픔을 느끼지 못하는 교회, 타인으로 인한 슬픔이 없는 집단을 과연 기독교 공동체라고 부를 수 있을까요?

전국을 돌아다니면서 집회를 인도하다보면, 참 예쁜 교회를 만나게 됩니다. 제자 훈련을 잘 받아서 교인들이 세련되고 정중합니다. 경제적으로도 부유하고 자식들도 잘 키웠습니다. 수련회에서 만난 아이들이 얼마나 똑똑한지 놀라울 정도입니다.

그런 교회에서 북한 선교를 이야기하고 나라와 민족을 위한 기도를 인도하고 나면, 성도들이 이런 말을 합니다. "목사님, 은혜 받았어요. 이런 설교는 정말 오랜만에 들어요."

성경은 모든 그리스도인들을 가리켜서 왕 같은 제사장이라고 합니다. 제사장의 제일 중요한 업무는 백성들을 위하여 중보 기도하는 것입니다. 나라와 민족을 위해서 매일 기도하는 것은 당연한 일입니다. 그걸 제대로 안하면 업무 태만이지요.

그런데 선교와 중보 기도에 대한 설교를 듣고 너무 오랜만이라고 합니다. 들어보기 어려운 이야기라고 합니다. 잘 사는 지역의 청년 수련회에 가서 나라와 민족을 위해서 기도하라고 하면, 학생들이 웃습니다. 촌스럽다고 합니다. 지금이 어느 시대인데, 나라니 민족이니 하는 소리를 하느냐고 합니다. 한국 땅에 남아프리카의 교회가 세워지고 있습니다.

이 문제에 대해서 성경이 뭐라고 말할까요?

예레미야서 9장 1절입니다. "어찌하면 내 머리는 물이 되고 내 눈은 눈물 근원이 될꼬 죽임을 당한 딸 내 백성을 위하여 주야로 울리로다."

예레미야의 머리가 물이 되었습니다. 눈은 눈물의 근원이 되었습니다. 병들고 살해당한 백성들을 보면서 선지자의 머리는 눈물로 가득 차고 두 눈은 그치지 않는 샘이 되었습니다. 밤이고 낮이고 백성들을 위하여 통곡하는 예언자의 모습입니다.

로마서 9장 1절에서 3절입니다. "내가 그리스도 안에서 참말을 하고 거짓말을 아니하노라 나에게 큰 근심이 있는 것과 마음에 그치지 않는 고통이 있는 것을 내 양심이 성령 안에서 나와 더불어 증언하노니 나의 형제 곧 골육의 친척을 위하여 내 자신이 저주를 받아 그리스도에게서 끊어질지라도 원하는 바로라."

사도 바울은 민족을 향한 큰 슬픔과 그치지 않는 고통이 있다고 말합니다. 그 고통이 너무 커서 차라리 내가 저주를 받고 민족이 살아났으면 좋겠다고 말합니다. 다함께 따라합시다. "슬퍼야 정상이다, 아파야 건강이다."

세상을 바라보며 슬퍼하는 것이 정상입니다. 시대의 현실을 직면하며 아파하는 것이 건강입니다. 그걸 이상하고 촌스럽고 별나게 믿는다고 생각하는 모습이 비정상이고 질병입니다.

슬퍼야 정상이라고 말하면 현대인들은 낯설게 받아들입니다. 그런데 성경은 거기에서 한 걸음 더 나갑니다. 슬퍼야 정상인 정도가 아니라 슬퍼야 행복하다고 말합니다.

마태복음 5장 4절입니다. "애통하는 자는 복이 있나니 그들이 위로를 받을 것임이요"

위대한 성서학자 윌리엄 바클레이는 이 구절을 이렇게 해석합니다. "너무 걱정한 나머지, 너무나 슬퍼한 나머지, 자기 마음의 슬픔이 그들을 내어 몰아 인류를 위해 봉사하는데 자신의 삶을 던지는, 바로 그러한 사람들이야말로 생명책에 이름이 기록될 사람들이다.

만일 세상의 동료 인간들을 위하여 격정적으로 슬퍼하는 사람들이 없었다면, 세상은 엄청나게 비참해졌을 것이다."

세상을 향한 슬픔이 나를 몰아갑니다. 그 슬픔에 밀려서 마침내 사람을 섬기는 일에 투신한 이들이 있습니다. 그들이 있었기에 저와 여러분이 이만큼의 발전과 이만큼의 문명과 이만큼의 행복을 누리면서 살아가고 있습니다.

세상을 향한 슬픔이 가슴에 맺히고 타인을 향한 아픔이 심장을 움직여서 마침내 손과 발로 행동하는 이들, 그들의 이름이 하나님의 생명책에 기록될 것입니다.

대한민국은 지금 내전(內戰) 상태에 있습니다. 복음으로 북한을 선교하려는 세력이 있는가 하면, 공산주의와 주체사상으로 대한민국을 선교하려는 세력도 있습니다. 남쪽에서는 북쪽을 선교하려고 하고 북쪽에서는 남쪽을 선교하려고 합니다. 목숨을 걸고 탈북자들을 구출하려는 쪽도 있고 탈북자를 변절자라고 욕하는 쪽도 있습니다.

세상 돌아가는 일에 관심이 없는 사람들은 이쪽이든 저쪽이든 다 똑같다고 합니다. 나와 직접 관련되지 않는다고 생각하고 그냥 귀찮아 합니다. 그러나 세상에서 하나님의 나라를 이루려는 병사들은 치열하게 싸우고 다치고 죽고 있습니다.

그 와중에 오늘의 성경 말씀 그대로 하나님의 위로가 임합니다. 성경은 슬퍼하는 자들을 하나님이 위로하신다고 증언합니다. 이 "위로하신다"는 단어의 의미가 절묘합니다.

첫째로 "위로"라는 말에는 하나님의 현장에 초대한다는 뜻이 있습니다.

하나님이 직접 역사하시는 현장에 슬퍼하는 자들을 초대하십니다. "예수를 믿어도 나를 위해서, 기도를 해도 내 가족을 위해서, 행복해도 우리 식구끼리"인 사람들은 예쁘고 아름다운 왕국을 건설할 수 있습니다.

그건 어디까지나 사람의 왕국이요 나의 왕국입니다. 그건 절대로 하나님의 나라가 아닙니다. 이기주의자들은 하나님의 잔치에 초대받지 못합니다.

오늘 성경은 분명히 말합니다. 시대를 고민하며 세상을 아파하는 사람은 하나님이 일하시는 현장에 초청됩니다. 그들을 통하여 하나님이 세상을 바꾸십니다. 나를 뛰어넘어 힘들고 지친 인생들을 위하여 슬퍼하는 사람은 하나님이 베푸시는 위로의 잔치에 초대됩니다. 그들이 하나님 나라의 명예로운 주인공들입니다.

둘째로 "위로"라는 단어에는 불꽃이 활활 타오른다는 뜻이 있습니다.

하나님의 말씀은 너무나 현실적입니다. 인간이 만들어낸 온갖 지식과 성취가 말씀의 현실성을 증명합니다. 예를 들어 보겠습니다. 심리학에서 인간 생활의 만족도와 행복도를 측정하는 다양한 설문지를 만들어냈습니다.

그런데 어떤 종류의 설문을 들이대도 답이 똑같은 경우가 있습니다. "가장 불행한 사람, 가장 삶의 만족도가 낮은 사람이 누구인가?"라는 질문입니다. 다양한 심리학 이론에 따라 다양한 설문지를 만들어서 조사를 해보아도, 누가 제일 불행한가에 대해선 신기하게도 답이 똑같습니다.

누구일까요? 삶의 만족도가 가장 낮은 사람은 어떤 유형일까요? 이기주의자들입니다. 이기적이면 이기적일수록 불행해집니다.

우리의 인생을 타오르는 불에 비유해 봅시다. 우리는 이기적이 됨으로써 삶의 불꽃을 꺼뜨립니다. 불 꺼진 집처럼 어둡고 춥고 쓸쓸한 인생이 됩니다. 정반대로 우리는 이타적이 됨으로써 삶의 불꽃을 타오르게 합니다.

이타적인 인생에 하나님의 나라가 임합니다. 이타적인 영혼을 향해서 하늘에서 불길이 내려옵니다. 나누면 나눌수록, 베풀면 베풀수록,

우리의 삶은 불 켜진 집처럼, 따뜻해지고 밝아지고 정열적이 되고 뜨거워집니다.

지나간 2012년에 저는 3D 업종에서 허우적거렸습니다. 지저분하고 어렵고 위험한 일이 참 많았습니다. 저와 직접 관련된 일은 거의 없었습니다. 저는 별로 끼어들고 싶지 않았고 도망치고 싶었습니다. 하지만 도와달라고 찾아오기에, 어쩔 수 없이 여기저기에서 골치 아픈 일들에 끼어들었습니다.

가난하고 힘들고 모욕당한 사람들 틈에서 저는 지치고 피곤했고 찌들었습니다. 그런데 지나간 한 해를 돌이켜 보면, 가는 곳마다 하나님의 위로가 있었습니다. 이런저런 사람들을 통하여, 이런저런 일들을 통하여, 이런저런 헌금을 통하여 하나님이 위로하시는 것을 느꼈습니다.

작년에 만났던 분들 가운데 두 사람의 부자가 기억납니다. 그냥 부자가 아니라 아주 큰 부자들이었습니다. 그 정도의 부자들은 대개 자신만만하고 당당합니다. 입고 있는 옷과 들고 있는 가방부터가 예사롭지 않지요.

그런데 제가 만난 두 분의 부자는 참 눈이 슬퍼보였습니다. 부자들의 목소리에 깊고 오랜 슬픔이 배어 있었습니다. 두 분이 모두 젊었을 때부터 나라와 민족을 위해서 끊임없이 금식하고 기도했던 분들이었습니다. 지갑을 열어서 가난한 자들을 열심히 도우셨던 분들이었습니다.

지금은 자신의 재산을 털어서 북한 선교와 탈북자 구출에 헌신하고 계셨습니다. 부자이지만, 부자의 자리에서만 살아온 것이 아닙니다.

끊임없이 가난하고 힘없고 짓밟히는 사람들 속으로 들어갔습니다. 버림받은 사람들을 끌어안으셨습니다.

가난한 사람 돕다가 배신도 많이 당하고 탈북자 선교하다가 뒤통수도 많이 맞았습니다. 험한 꼴 당하면서도 그 사람들 불쌍하다고 계속해서 돕는 분들의 눈빛에 짙은 슬픔의 세월이 묻어 있었습니다.

그분들을 보면서 저는 슬픔이 품격임을 배웠습니다. 슬픔이 없는 부자들은 대개 자랑을 합니다. 내가 재산이 얼마고 어떻게 돈을 벌었고 우리 자식들이 하버드에 가고 월스트리트에서 일하고…. 슬픔은 없고 자랑만 있습니다. 그런 부자들을 만나면, 미안한 표현이지만 천박함이 느껴집니다.

반대로 슬픔을 가진 부자들이 있습니다. 힘겹고 눈물겨운 사람들을 끊임없이 찾아가서 손 잡아주고 일으켜주고 그러다가 상처받기도 하면서 그치지 않는 슬픔이 있습니다. 그런 부자들을 만나면 마치 세계적인 명품을 보는 것 같습니다.

인생에 품격이 있고 멋이 있습니다. 사람은 저렇게 살아야 하는구나, 하는 마음이 듭니다. 그런 분들을 만나면 오늘 말씀 그대로 위로가 됩니다.

작년에 저는 심부름을 많이 했습니다. 다른 분들이 드린 헌금을 가지고 어려운 사람 돕는 일로 바빴습니다. 심부름만 하지 말고 나도 헌금을 해야겠다고 생각하고 북한 선교를 위해서 백만 원을 헌금했습니다.

그랬더니 갑자기 바빠지고 할 일이 주어지면서 이백만 원이 생겼습니다. 헌금을 하고 나서 오히려 돈이 많아졌습니다. 이건 참 감사한 일이다, 하는 마음에 이백만 원을 드렸습니다. 그랬더니 이 일 저 일이 생기면서 사백만 원이 들어왔습니다.

　분명히 헌금을 드리려고 했는데, 오히려 돈이 생겼습니다. 그걸 내가 갖기가 부담스러워서 큰맘 먹고 오백만 원을 드렸습니다. 그랬더니 똑같은 일이 반복되어서 천만 원이 생겼습니다. 나중에 가만히 생각해보니, 내가 감히 하나님을 상대로 돈 놓고 돈 먹기 한 것 같았습니다.

　이런 일을 겪을 때마다 오늘 말씀이 그대로 체험됩니다. 위로한다는 성경 단어에 담겨있는 뜻 그대로, 제 마음에 불꽃이 타오릅니다. 보잘것없는 인생이지만, 하나님을 위해서 드리고 싶다는 열정이 타오릅니다.

　삶의 연륜이 깊으신 분들이 한결같이 말씀하십니다. 인생이 결코 길지 않다고 하십니다. 나에게도 젊음이 있었고 청춘이 있었고 빛나던 시절이 있었는데, 순식간에 지나갔다고 말씀하십니다.

　사랑하는 여러분, 짧은 인생을 좁게까지 살 수는 없습니다. 내 생각, 내 고민, 내 근심에 사로잡혀 하나님이 일하시는 현장에 가보지도 못합니다. 하나님이 역사하시는 무대에 서보지도 못합니다. 그런 채로 한 번뿐인 인생을 끝낼 수는 없습니다.

　짧은 인생이지만 넓게 살 수 있습니다. 세상의 아픔을 품고 사람들의 슬픔을 껴안으면서, 하나님의 위로와 회복을 체험할 수 있습니다. 빛나는 명품처럼 찬란하게 쓰임 받으면서 살 수 있습니다.

　세상을 담고 사람을 담으며 하나님의 위로까지 담아내는 큰 그릇으로 사시기를 주님의 이름으로 축원합니다.

손양원 "예수 중독자"

나 예수 중독자 되어야 하겠다.
술 중독자는 술로만 살다가
술로 인해 죽게 되는 것이고
아편 중독자는 아편으로 살다가
아편으로 죽게 되나니

우리도 예수의 중독자 되어
예수로 살다가 예수로 죽자.
우리의 전 생활과 생명을
주님을 위해 살면 주 같이 부활된다.
주의 종이니 주만 위해
일하는 자 되고 내 일 되지 않게 하자.

갈망하는 인간

의에 주리고 목마른 자는 복이 있나니 그들이 배부를 것임이요
(마태복음 5:6)

    오늘의 본문에 "목마른"이라는 말이 나옵니다. 당장 마실 물이 없어서 말라 죽을 상황을 가리킵니다. 성경의 배경이 되는 팔레스타인 지역에는 사막과도 같은 광야가 있습니다. 그곳에서 물이 없으면 정말 위험해집니다. 1차 대전 당시 팔레스타인 지역에서 전투를 벌였던 영국의 길버트 장군이 물 없는 상황을 묘사하는 기록을 남겼습니다.
    "머리가 빠개질 것 같았다. 우리의 눈은 충혈되어 있었다. 불볕 같은 태양 빛에 눈앞이 가물가물해지고 있었다. 우리의 혀는 부풀어 오르기 시작했다. 우리의 입술은 검붉게 변하다가 마침내는 터져버렸다. 대열에서 이탈한 사람은 다시는 일어서지 못했다. 우리 군대는 필사적으로 시리아를 향하여 진군했다. 땅거미가 질 무렵까지 시리아

에 도달하지 못한다면 수천 명이 갈증 때문에 죽을 운명에 처해있었다."

본문에는 "목마른 자"와 함께 "주린 자"가 등장합니다. 지금 먹을 것이 없어서 굶어죽을 지경이 된 사람입니다. 중국을 떠도는 탈북자들은 말도 못할 고생을 합니다. 얘기를 들어보면 끔찍하고 고통스러운 일을 참 많이 당합니다. 제가 어리석은 질문을 한번 해보았습니다. "중국에서 팔려 다니면서 고생할 것을 알면서도 왜 탈출했습니까?"

뻔한 질문을 했는데, 전혀 예상치 못한 대답이 들려왔습니다. "목사님, 나무껍질을 한 5년 먹으면 사람이 미쳐요. 팔려가도 좋으니, 고생해도 좋으니, 제발 나무껍질 먹고 사는 이곳에서는 벗어나고 싶다는 생각밖에 안 들어요…."

굶주림이란 것이 그토록 무섭습니다. 나무껍질을 먹으니 차라리 노예처럼 팔려가는 편을 선택합니다. 오늘 성경은 "주리고 목마른 자"라고 말합니다. 죽을 지경이 되도록 주리고 말라비틀어질 정도로 목마르면, 눈에 뵈는 것이 없습니다. 살아남기 위한 강렬한 갈망 이외에는 아무것도 없게 됩니다.

사랑하는 여러분, 인간 안에는 이처럼 강렬한 갈망이 있습니다. 주리고 목마른 사람이 먹을 것, 마실 것을 찾듯이 사람들은 무언가를 찾습니다. 갈망하는 인간이 찾는 대상은 두 가지입니다.

첫째로 갈망하는 인간은 우상을 찾습니다.
인류 역사상 가장 오랫동안, 가장 많은 사람들에게, 가장 강력한 권력을 휘둘렀던 인물이 있다면 중국의 마오 쩌둥(毛澤東)일 것입니다. 그는 41년 동안이나 중국 공산당의 지도자였습니다. 27년 동안 한반도의 수십 배에 달하는 광활한 대륙을 통치했습니다. 그가 다스린 사람들의 숫자는 당시 전 세계 인구의 오분의 일을 넘었습니다.

마오 쩌둥은 어떻게 그처럼 강력한 권력을 가질 수 있었을까요? 가장 중요한 원인은 그가 권력 중독자였기 때문입니다. 그는 일평생 권력에 대한 목마름으로 살았습니다. 권력을 위해서라면 수단과 방법을 가리지 않았습니다. 그 결과로 거대한 성공을 거두었습니다. 인간적인 수준을 뛰어넘은, 신적인 차원의 권력을 장악했습니다.

중국인들에게 마오 쩌둥은 위대한 인간이라기보다 위대한 신(神)이었습니다. 그에 대한 중국인들의 존경심을 보여주는, 웃지 못할 에피소드가 있습니다.

어느 날 마오 쩌둥이 한 공장을 방문했습니다. 그리고 수고하는 노동자들을 격려하기 위하여 모과를 선물했습니다. 하늘과도 같은 마오 쩌둥이 찾아와서 악수하고 격려하고 거기다가 선물까지 주니, 모든 노동자들이 감격했습니다.

그리고 앞을 다투어 마오 쩌둥이 하사한 모과를 구경하려고 몰려들었습니다. 몰려드는 인파를 통제할 수 없어서, 공장 측에서는 진열대를 만들어놓고 마오 쩌둥의 모과를 전시했습니다. 수천 명의 노동자가 그 모과를 구경하고 눈물을 흘리며 돌아갔습니다.

그런데 문제가 생겼습니다. 시간이 흐르면서 모과가 썩기 시작했습니다. 하는 수 없이 썩은 부분을 도려내야만 했습니다. 그리고 남은 모과를 물에 넣어서 끓였습니다. 또 한 번 장엄한 의식이 진행되었습니다. 위대한 마오 쩌둥 주석이 하사한 모과의 국물을 한 숟갈이라도 마시기 위해 수많은 인파가 몰려들었습니다.

　마오 쩌둥은 권력을 추구했고 권력을 장악했고 권력으로 배불렀습니다. 본인의 비전을 성취했으니, 성공한 인생이라고 할 수 있습니다. 그러나, 거기에는 지불해야 할 대가가 있었습니다. 권력의 대가는 불안이었습니다. 자신의 권력을 끝없이 유지하기 위해서, 끝없이 불안했습니다.

　22년간 마오 쩌둥을 보필했던 주치의의 기록을 보면, 그는 수십 년간 불면증을 앓았습니다. 수면제가 없으면 잠을 이루지 못했습니다. 정상인에게 허용된 수면제의 열 배를 매일 복용해야 겨우 잠을 잘 수 있었습니다.

　마오 쩌둥은 수영을 좋아했습니다. 그런데 수영장에 갈 때마다 여러 번 이상한 행동을 반복했습니다. 수영장에서 갑자기 소리를 지릅니다. "누군가 저 수영장에 독을 타 놓은 것 같아!" 그는 마음 놓고 수영도 할 수 없을 만큼 불안했던 인생이었습니다.

　불안한 지도자는 백성들을 불행하게 만들었습니다. 마오 쩌둥이 추진한 대약진 운동으로 무려 3800만 명이 굶어죽었습니다. 대약진 운동의 실패로 그의 권력이 위협을 받게 됩니다. 그러자 권력을 지키기 위해서 문화 대혁명을 일으켰습니다.

　문화 대혁명으로 대략 3백만 명 이상이 죽었습니다. 중국의 문화와 사회가 철저히 파괴되었습니다. 지금도 중국에서는 문화 대혁명을 "십년대란"이라고 부릅니다. 중국 공산당이 문화 대혁명을 "다시는 되풀이 되지 말아야할 비극이자, 극좌(極左)적 오류"라고 공식적으로 평가하기도 했습니다.

　이처럼 동양에서 사람을 제일 많이 죽게 만든 인물이 마오 쩌둥입니다. 그런데 한국의 소위 진보 세력의 대부라는 리영희는 문화 대혁명과 마오 쩌둥을 격찬했습니다. 노무현 대통령은 중국을 방문해서 마오 쩌둥을 존경한다고 말했습니다.

마오 쩌둥의 이야기는 우리가 정말로 추구해야할 대상이 무엇인지를 질문하게 합니다. 인생이란 목마름입니다. 우리는 무언가에 목마름을 가지고 있습니다. 중요한 것은 과연 내가 목말라하는 것에 목말라할 만한 가치가 있느냐는 질문입니다.

권력에 목마르고, 쾌락에 목마르고, 돈에 목마르면 불행해집니다. 왜냐하면 그런 목마름의 결과는 나의 불안이요 남의 불행이기 때문입니다. 나를 불안하게 하고 남을 불행하게 하는 것의 영적인 본질은 우상입니다.

우상은 사람들이 그토록 갖고 싶어하는 것, 시간과 열정을 쏟아부어서 움켜쥐고 싶어 하는 것, 그러나 움켜쥐기도 어렵고 움켜쥔 다음에도 끝없이 인간을 불안하게 만드는 것입니다. 갈망하는 인간이 하나님이 아닌 다른 것을 추구할 때, 바로 그것이 우상입니다.

둘째로 갈망하는 인간은 하나님을 추구합니다.
오늘 성경은 정말로 목말라해야할 것이 무엇인지를 보여줍니다. 나에게 참된 행복을 가져다 줄 수 있는 목마름이 무엇인지를 소개합니다. 채워질 수 있는 목마름, 내 인생을 넘치게 만들 수 있는 목마름, 그것은 의에 대한 목마름입니다. 성경은 말합니다. "의에 주리고 목마른 사람은 복이 있다. 그들이 배부를 것이다."

성경의 의란, 하나님과의 바른 관계입니다. 하나님과의 바른 관계를 신학적인 용어로 표현하자면, 중생(重生)과 성화(聖火)입니다. 중생은 예수를 믿어서 하나님의 자녀로 거듭나는 것입니다. 성화는 하나님을 닮아서 거룩해지는 것이지요.
정리하면, 의를 추구함은 하나님과 바른 관계를 맺음이요, 하나님과의 바른 관계는 예수 믿고 거듭나서 거룩해지는 것입니다.

의에 목마른 것은 '과'를 없애는 것입니다. 다 같이 따라 합시다. "목마른 인생에는 '과'가 없다." 잘못된 믿음에는 항상 "과"가 붙습니다. 하나님과 세상, 하나님과 성공, 하나님과 쾌락, 하나님과 다른 무엇을 동시에 갖고 싶어 합니다.

사랑하는 여러분, '과'가 붙으면 바른 신앙이 아닙니다. 오히려 하나님에 대한 모독입니다. 하나님은 절대자이시기 때문에 다른 무엇과 비교될 수 없습니다. 다른 무엇과 나란히 취급될 수 없습니다.

생각해봅시다. 목말라 죽어가는 사람이 어떻게 말할까요? "나에게 물과 권력을 주십시오."라고 할까요, 아니면 "제발 물을 주시오."라고 말할까요? 굶주린 자, 목마른 자에게는 "과"가 없습니다.

우리의 신앙도 마찬가지입니다. 우리에게는 오직 하나님만이 필요합니다. 오직 하나님만이 내 인생의 주인이십니다. 내 인생의 의미이십니다. 내 인생의 만족이요 행복이십니다. 하나님을 최우선 순위로 삼는 사람이 바로 의에 주리고 목마른 인생입니다.
성서학자 윌리엄 바클레이는 본문을 이렇게 해석했습니다. "가장 강렬한 욕망으로 하나님과 바른 관계를 가지려는 사람은 복이 있도다."

하나님을 향한 가장 강렬한 욕망에 대해서 **시편 42편 1절**은 말합니다. "하나님이여 사슴이 시냇물을 찾기에 갈급함 같이 내 영혼이 주를 찾기에 갈급하니이다."

 강렬한 갈망으로 하나님을 찾는 자에게 주어지는 축복은 "배부름"입니다. 굶주림, 목마름이라는 단어가 강력했던 것처럼 배부른다는 단어도 강한 의미입니다. 충만한 포만감이요, 완전한 만족감입니다.
 하나님으로 배부른 사람의 특징이 있습니다. 다른 것이 눈에 들어오지 않는다는 점입니다. 내게 주신 은혜가 너무 커서 세상에 좋다는 모든 것들이 시시하게 보입니다. 하나님으로 만족하면 다른 것은 눈에 들어오지 않습니다.
 성 어거스틴은 말했습니다. "하나님, 당신은 당신 자신을 위하여 우리를 만드셨습니다. 그러므로 우리 마음은 당신 안에서 안식을 찾기까지는 안식을 맛보지 못합니다."
 하나님 밖에 있을 때도 나름대로 잘 사는 줄 알았습니다. 잘 되는 줄 알았습니다. 그런데 하나님을 알고 나면 그동안 헛살았다는 것을 알게 됩니다. 하나님이 주시는 안식과 평안을 누리게 되면, 그제야 비로소 그전에 가졌던 모든 것이 거짓 안식이고 거짓 평안이었음을 깨닫습니다. 갈망하는 인간은 하나님 안에서만 참된 안식이 있음을 체험하게 됩니다.

 전라남도 여수에 손양원(孫良源) 목사님의 기념관이 있습니다. 그분은 순교자로 널리 알려지셨습니다. 죽어서만 순교자가 아니라 살아계실 때에도 순교자이셨습니다.
 손 목사님은 썩어 문드러져 피고름이 흐르는 나병 환자의 발을 입으로 빨아가면서 돌보셨습니다. 신사 참배에 반대해서 감옥에 갇히셨을 때는 제일 추운 자리에서 다른 죄수들의 발을 품고 주무셨습니다. 병들고 아픈 죄수들에게 먹을 것을 나누어 주시다가, 본인은 영양실조에 걸리셨습니다. 결국 한쪽 눈이 먼 채로 감옥에서 나오셨습니다.

그분의 두 아들 동인과 동신이 공산당의 손에 죽었지요. 손양원 목사님은 자신의 아들을 죽인 원수를 용서하고 아들로 입양했습니다. 그리고 본인도 공산군에게 전도하다가 순교당하셨습니다.

손양원 목사님을 떠올리면 사람에 대해서 다시 생각하게 됩니다. 사람이 이토록 아름다울 수 있구나, 사람이 이처럼 찬란할 수 있구나, 사람의 일생이 이처럼 눈부실 수 있구나, 사람에 대한 희망을 느낍니다.

손양원 순교 기념관에 그분이 쓰신 글들이 전시되어 있습니다. 그 중의 한편을 나누고 싶습니다. "예수 중독자"라는 글입니다.

나 예수 중독자 되어야 하겠다.
술 중독자는 술로만 살다가
술로 인해 죽게 되는 것이고
아편 중독자는 아편으로 살다가
아편으로 죽게 되나니
우리도 예수의 중독자 되어
예수로 살다가 예수로 죽자.
우리의 전 생활과 생명을
주님을 위해 살면 주 같이 부활된다.
주의 종이니 주만 위해
일하는 자 되고 내 일 되지 않게 하자.

순교자 손양원 역시 갈망하는 인간이었습니다. 그의 갈망은 예수를 향한 갈망이었습니다. 굶어 죽을 지경이 된 사람처럼, 목말라 비틀어질 지경이 된 사람처럼, 예수로 중독되기를 갈망했습니다. 예수로 살다가 예수로 죽기를 갈망했습니다. 그 갈망 그대로, 그는 예수처럼 살다가 예수처럼 죽었습니다.

말씀을 정리하겠습니다. 오늘의 본문은 가장 기본적인 인간론을 증거합니다. 가장 기본적인 인생의 길을 제시합니다. 우상을 갈망하다가 우상이 되는 인간이 있고, 하나님을 갈망하여서 하나님을 닮아가는 인간이 있습니다.
저와 여러분의 선택이 하나님이고 생명이고 축복이기를, 주님의 이름으로 축원합니다.

주기철, 마지막 설교

"우리 주님 날 위해 십자가 고초 당하시고 십자가 지고 돌아가셨는데 나 어찌 죽음이 무섭다고 주님을 모른 체 하리이까.
오직 일사각오(一死覺悟)가 있을 뿐입니다.
 소나무는 죽기 전에 찍어야 시퍼렇고 백합화는 시들기 전에 떨어져야 향기롭습니다. 이 몸도 시들기 전에 주님 제단에 드려지기를 바랄 뿐입니다."

신앙과 애국의 계보

의에 주리고 목마른 자는 복이 있나니 그들이 배부를 것임이요
(마태복음 5:6)

1973년, 남아메리카는 몸살을 앓고 있었습니다. 곳곳에서 공산주의 혁명을 외치는 열정이 들끓고 있었지요. 그때 에콰도르의 수도 키토에서 레오니다스 프로아네오 신부가 집전하는 미사가 열렸습니다. 그 미사에는 열혈 마르크스주의 청년들이 다수 참석했습니다.

신부님은 예수님을 설교했습니다. 예수님은 기존 제도를 비판하셨고 가난한 자들을 사랑하셨으며 억압받는 사람들의 편에 서신 투사요, 복음 전도자라고 소개했지요. 미사를 마친 뒤, 젊은 혁명가들이 레오니다스 프로아네오 신부님에게 말했습니다. "우리가 이 예수를 알았더라면, 우리는 결코 마르크스주의자가 되지 않았을 것입니다."

이 사실을 소개하면서 위대한 복음주의자 존 스토트는 이렇게 말했습니다. "우리가 가짜 예수를 선포하는 까닭에 일부 학생 및 청년들을 칼 마르크스의 품으로 유도하고 있는 것은 아닌가? 우리의 동정은 어디에 있는가? 우리 그리스도인들이 행하는 것보다 가난한 자들과 억눌린 자들에 대해 더한 동정을 가지고 있는 많은 마르크스주의 학생들이 있지 않은가? 우리에게는 그리스도에 대한 보다 나은 교리가 필요하다."

존 스토트의 말에서 한 대목에 주의하고자 합니다. "가짜 예수를 선포하는 것" 그것을 "우상화(偶像化)"라고 합니다. 성경이 가장 신랄하게 비판하고 있는 죄악이 우상 숭배입니다. 그러나 우상화는 우상 숭배보다 더 무서운 죄악입니다.

우상 숭배는 하나님을 안 믿고 우상을 믿는 것이지요. 우상 숭배자들 역시 본인들이 하나님을 믿지 않는다는 것을 인정합니다. 그렇게 우상을 섬기다가, 잘못인 것을 깨달으면 우상을 버리고 하나님께 돌아올 수도 있습니다. 우상 숭배는 회심할 가능성이 그나마 남아있습니다.

하지만 우상화는 하나님을 믿되, 가짜 하나님을 믿는 것입니다. 성경의 하나님이 아니라 내가 만든 하나님을 믿는 것입니다. 따라서 우상화하는 사람들은 자신이 하나님을 믿고 있다고 철저히 확신합니다. 그렇기 때문에 회심할 가능성이 별로 없지요. 우상을 숭배하는 것도 문제이지만, 하나님을 우상화하는 것은 더욱 심각한 문제입니다.

사람들이 하나님을 우상화하는 대표적인 방법이 있습니다. 신학자 필립스는 간단명료하게 말했습니다. "우리의 하나님은 너무 작다."

하나님을 축소시켜서 교회 안에 가둡니다. 하나님은 정치나 경제나 사회에는 관심이 없고, 오직 교회에만 종교에만 관심이 있는 분으로 만들어 버립니다. 따라서 교회는 정치나 사회 문제에는 절대로 관여해선 안 된다고 주장합니다.

이런 식으로 하나님을 축소하고 난쟁이로 만드는 사람들에게 저는 여러 차례 수난을 당했습니다. 지난주에 어느 교회에서 집회를 인도했습니다. 그 교회 장로님의 초청을 받아 가서 북한 동포들을 구출해야 한다고 설교를 했습니다.

그랬더니, 목사님이 작정을 하고 대적했습니다. 왜 교회에서 정치 얘기를 하느냐고, 저와 북한 기도 모임의 멤버들을 비판했습니다.

얼어 죽고 굶어 죽고 맞아 죽는 북한 동포들을 구출하자는 말이 정치적인 것입니까? 정치적이라고 치더라도, 교회가 정치적인 영역에서 진리를 외치면 잘못인가요? 그리스도인은 정치가 썩든지 말든지, 사회가 부패하든지 말든지, 신경 쓰지 말고 오직 교회일에만 몰두해야 할까요? 저는 하나님을 교회 안에, 종교 안에 가두는 것이야말로 우상화라고 판단합니다.

오늘의 본문이 바로 그 주제를 다룹니다. 우리가 주리고 목말라야 할 "의", 첫째는 "관계적인 의"입니다. 하나님과 바른 관계를 맺는 것, 다시 말해 구원받고 거룩해지는 것이 의이지요. 지난주에 이 점에 대해서 설교했습니다.

두 번째로 "의"라는 단어는 "총체적인 의"를 가리킵니다.
헬라어 문법에는 격이 있습니다. 우리 문법으로 생각해봅시다. "내가 밥을 먹는다."라고 말하면 "내가"는 주어이고 주격입니다. "밥을"

은 목적어이고 목적격입니다. 이처럼 헬라어의 격을 살펴보면 오늘의 본문은 대단히 특이합니다.

　헬라어의 소격은 "일부"를 가리킵니다. 소격으로 물, 하면 일부의 물이지요. 대조적으로 목적격은 전체를 가리킵니다. 목적격으로 물, 하면 지구상에 존재하는 모든 물을 다 합친 것입니다.

　그러면 "목마르다"는 동사 뒤에는 어떤 격이 와야 할까요? 당연히 소격입니다. 내가 목마르다는 것은 지구상의 모든 물이 다 필요하다는 뜻이 아닙니다. 세상의 모든 물을 다 마시겠다는 뜻도 아니지요. 내 목마름을 해결할 일부의 물이 필요하다는 의미입니다.

　마찬가지로 "굶주리다"는 동사 뒤에도 소격이 와야 합니다. 목적격이 오면, 내가 지구상의 모든 음식을 다 먹어야할 만큼 굶주리다는 뜻이 됩니다. 그래서 통상적으로 헬라어에서 "굶주리다", 혹은 "목마르다"는 동사 뒤에는 소격이 사용됩니다.

　그런데 마태복음 5장 6절에는 주리고 목마르다는 동사 뒤에 목적격이 왔습니다. "의"라는 단어가 소격이 아니라 목적격으로 쓰였습니다. 다시 말해서 일부의 의가 아니라 전체적인 의입니다. 한 부분에서만 의를 행하는 것이 아니고 총체적인 의, 모든 종류의 의에 굶주리고 목말라야 한다는 뜻입니다.

　교회에서만 의를 행하는 것으로는 안 됩니다. 가정에서도 의가 있어야 하고 사회에서도 정의를 실행해야 합니다. 정치와 사회, 경제, 문화, 교육 모든 영역에서 하나님의 의를 실현해야 합니다. 내가 살아가는 모든 영역에서 불의에 대항하고 정의를 확립해야 합니다.

　성경은 모든 영역에서의 총체적인 의를 추구합니다. 왜냐하면 하나님은 모든 것을 다스리시기 때문입니다. 하나님은 만왕의 왕이요 만주의 주이십니다. 하나님의 통치가 미치지 않는 영역이 없습니다. 마찬가지로 하나님의 의가 추구되지 말아야 할 영역도 없습니다.

따라서 하나님을 종교적인 영역에만 국한하려는 시도는 명백히 비성경적인 우상화입니다. 우상화는 결국 우상 숭배가 됩니다. 그 점을 보여주는 사건이 일제 시대에 있었던 신사 참배 문제입니다.

신사 참배는 분명히 일본 천황을 신으로 고백하는 종교 의식입니다. 그런데 1935년 안식교와 성결교, 1936년 천주교와 감리교, 1938년 장로교가 차례로 신사 참배를 결의했습니다. 수많은 목회자와 교인들이 신사에 가서 천황을 숭배하는 고백을 하고 절을 했습니다.

그들이 내세운 이유는 한결같았지요. "교회는 정치에 관여하면 안 된다. 하나님을 믿는 교회는 정치적인 문제에 대해서는 총독부의 견해를 따라야 한다."

오늘날 고통당하는 북한 동포들에 대해서 차갑게 외면하는 교회와 목회자들이 조선 총독부의 견해를 그대로 답습하고 있습니다.

하지만 배교(背敎)의 시대에도 참된 크리스천들이 있었습니다. 신사 참배에 반대해서 감옥에 갇힌 사람이 2천 명이었고 그중에서 50명이 순교당하셨습니다. 4백여 교회가 폐쇄되었습니다. 여러분이 기억하는 순교자(殉敎者)로 누가 있으신가요?

주기철(朱基徹) 목사님이 먼저 떠오릅니다. 그분은 순교자로 유명합니다. 그런데 주기철 목사님은 순교자인 동시에 애국자이셨습니다. 1905년 을사조약이 체결되자, 주기철 목사님의 집안 어른이었던 주기효(朱基孝) 선생이 학교를 세웁니다. 학교 이름이 "개통학교"입니다.

학교를 세운 목적은 애국이었습니다. 민족의 수난을 극복하려면 힘이 있어야 하고, 힘이 있으려면 인재를 길러야 하기 때문입니다. 주기철 목사님은 열 살 전후에 개통학교에 입학해서 투철한 애국심을 배우셨습니다. 나라가 쓰러져가는 시대였지만, 어려서부터 철저한 애국 교육을 받으셨습니다.

그다음에 주기철 목사님이 입학한 학교가 평안북도 정주에 있던 오산학교입니다. 기독교인이셨던 남강 이승훈(李昇薰) 선생이 세우신 오산학교는 수많은 애국자를 양성한 명문학교였습니다. 개통학교와 오산학교를 졸업했다는 사실만 놓고 보아도, 주기철 목사님이 그 당시에 최고의 애국 교육을 받았음을 알 수 있습니다.

이런 애국자가 신사 참배에 반대하는 것은 당연했습니다. 주기철 목사님은 1938년부터 총 다섯 차례에 걸쳐서 5년 4개월 동안 감옥에 갇히셨습니다. 몸둥이 찜질, 채찍질, 거꾸로 매달아 코에 고춧가루 뿌리기, 발바닥 때리기 등 온갖 고문을 당했습니다.

다섯 번째로 갇히기 직전 생애 마지막 설교를 하였지요. "우리 주님 날 위해 십자가 고초당하시고 십자가 지고 돌아가셨는데 나 어찌 죽음이 무섭다고 주님을 모른 체 하리이까. 오직 일사각오(一死覺悟)가 있을 뿐입니다.

소나무는 죽기 전에 찍어야 시퍼렇고 백합화는 시들기 전에 떨어져야 향기롭습니다. 이 몸도 시들기 전에 주님 제단에 드려지기를 바랄 뿐입니다."

피를 토하며 일사각오를 절규하셨던 주기철 목사님은 1944년 4월 21일 만신창이가 된 몸으로 평양 형무소에서 49세를 일기로 순교하셨습니다.

주기철 목사님의 모교인 평양 신학교 역시 신사 참배에 맞서 싸웠습니다. 그러자 일제는 1938년 3월 평양 신학교 문을 닫아버립니다. 아예 졸업식도 못 하게 합니다. 평양 신학교 33회 졸업생들은 졸업장을 우편으로 받아야 했습니다.

이때 우편으로 졸업장을 받은 인물 가운데 당시 전도사였던 손양원(孫良源)님이 있습니다. 주기철 목사님이 평양 산정현 교회에서 일제와 싸우실 때, 손양원 전도사님은 역시 평양에서 신학교를 다니시면서 주 목사님의 설교를 자주 들으셨습니다. 손양원 전도사님은 주기철 목사님의 영향을 받으며 신사 참배 반대 운동에 동참합니다. 그리고 그분도 고난의 길을 걷게 됩니다.

1939년 손양원 목사님은 아무도 가지 않으려는 나환자 교회에 부임하셨습니다. 고통당하는 한센인들을 향한 그분의 위대한 사랑은 널리 알려져 있습니다. 그러나 손 목사님이 나환자를 돌보고 섬기시는 일만 하신 것은 아니었습니다.

여수 애양원 교회에서 설교하실 때마다, 신사 참배 반대를 외치셨습니다. "신사 참배를 강요하는 일본은 망한다."고 담대하게 선포하셨습니다. 일제는 손양원 목사님을 함부로 체포하지 못했습니다. 온 몸이 썩어 문드러져 가는 나환자들의 발바닥을 입으로 빨아가며 전도하시는 그분의 성자 같은 삶을 일본인들도 존경했기 때문입니다.

"정치적인 문제에는 관여하지 마시고 그저 목회만 하십시오." 라고 일본 경찰들이 손양원 목사님에게 충고하기도 했습니다. 하지만 손 목사님은 계속해서 신사 참배 반대를 외치셨지요. 결국 1940년 9월 25일 수요 예배를 마치고 나오다가 체포당하셨습니다.

손 목사님은 5년간 투옥당하십니다. 감옥에서도 성자 같은 삶은 이어집니다. 손 목사님은 감방에서도 제일 춥고 불편한 곳인 신발 벗어 놓는 자리 옆에서 주무셨습니다. 먹을 것이 나오면 몸이 약한 죄수들에게 늘 양보하셨습니다.

다른 이들에게 자신을 나누어주시면서 손양원 목사님은 심각한 영양실조에 걸리십니다. 결국 한쪽 눈이 멀게 됩니다.

1945년 해방을 맞이한 뒤에, 손양원 목사님은 풀려나십니다. 석방된 목사님은 "조선 민족의 근본정신을 부활시키자"는 주제로 설교하셨습니다. "우리 조선은 하나님의 특별한 은혜로 독립되었습니다. 이제 우리 민족도 국혼(國魂)을 회복할 때가 되었습니다. 해방된 우리 민족의 살길은 유대인의 국혼이었던 여호와 하나님의 율법을 깨닫고 순종함에 있습니다."

손양원 목사님은 가는 곳마다 기독교 정신으로 나라를 세워야 한다고 역설하셨습니다. 1949년 10월 23일 인천 제일 교회에서 손 목사님이 인도하시는 부흥회가 열렸습니다. 그날의 낡고 빛바랜 사진에는 부흥회 강단에 붙여놓은 주제 성경 구절이 나와 있습니다. "여호와를 자기 하나님으로 삼은 백성은 복이 있도다."

이 손양원 목사님은 "사랑의 원자탄"으로 불리셨습니다. 그분은 자신의 장남과 차남을 죽인 원수를 양자로 삼으셨습니다. 그리고 공산군들을 전도하다가 그들의 손에 의해서 죽음을 당하십니다. 여수에 가면 손양원 목사님과 동신, 동인 두 아들이 묻힌 삼부자묘(三父子墓)가 있습니다.

이처럼 주기철 목사님의 신앙과 애국이 손양원 목사님의 신앙과 애국으로 이어졌습니다. 그 정신이 또 한 분의 걸출한 크리스천 애국자에게 이어졌습니다.

1950년 6.25 전쟁이 일어나자, 경기도 파주 금촌에서 섬기던 전도사님 한분이 고향으로 피난하셨습니다. 그분의 고향은 전라남도 신안군의 섬이었지요. 그런데 공산군을 피해서 옮겨간 고향은 이미 공산 게릴라들이 장악하고 있었습니다. 그들이 전도사님의 아버지를 죽였습니다. 그리고 주일학교를 했다는 죄목으로 전도사님의 사모님도 죽였습니다.

섬의 인구가 18,000여 명인데 그중에서 2,000여 명이 학살당했습니다. 끔찍한 피의 살육이 벌어졌습니다. 전도사님도 공산당에게 폭행을 당해 거의 죽기 직전이었습니다.

그 당시의 긴박한 상황을 훗날 이렇게 간증하셨습니다. "… 마을 사람들과 함께 저와 아내, 아버지, 친척 아저씨 되는 분의 아들 7명이 인민위원회 쪽 사람들에게 잡혀 산으로 끌려갔습니다. 저희 집이 부자였기 때문에 6, 70명의 마을 사람들과 함께 끌려간 것입니다.

우리를 처형하려던 사람들은 총은 없고 두 사람이 일본도를 가지고 있었습니다. 산에서 6, 70명을 모두 죽이는데 열 사람이 하나씩 붙잡고 돌이나 몽둥이로 때려죽였습니다. 저의 아버지는 평생 유림회 회장도 하시고 종손 집안으로 조상 숭배하며 지낸 분으로 그저 농사짓는 것뿐이었지요. 경제적인 죄는 몰라도 그렇게 맞아 죽을 만한 죄를 짓지는 않으셨습니다.

저의 집사람은 주일학교에서 봉사했다는 이유로 처참하게 맞아 죽었습니다. 저의 아버지는 몽둥이질로 입이 다 떨어져 나갔습니다. 저도 맞아서 죽어 가고 있었습니다. 먼저 몽둥이와 돌로 때린 뒤 죽은 것 같으면 일본도를 가진 이가 머리와 심장을 찔러서 죽은 것을 확인하고 다녔지요.

 저를 몽둥이로 때려서 죽은 개처럼 끌고 다니는데 제 심정이 어떠했겠습니까? 하나님 앞에 매달려 기도하는데 그렇게 절박할 수가 없었습니다. 그런데 그때 기적 중의 기적이 일어났습니다. 하나님이 저를 살려 주셨습니다…."

 마침 그때, 우리 경찰과 국군이 상륙 작전을 벌였습니다. 실로 극적으로 이 전도사님이 구출되었습니다. 그리고 공산 게릴라들의 폭동은 진압되었습니다. 국군과 경찰은 주민들을 학살한 게릴라들을 모두 처형시키려고 했습니다.

 그때 아내와 아버지를 잃은 전도사님이 하나님께 기도했습니다. 피투성이가 된 몸으로 간절히 부르짖었습니다. "하나님, 제가 복수하지 않겠습니다. 내 마음 속에 평화를 주시고 주님을 찬송하게 해 주십시오." 자신의 가족을 죽인 폭도들을 위해서 오히려 중보 기도를 드립니다. 그런데 그 자리에서 강력한 성령의 역사를 경험했습니다.

 성령 충만해진 전도사님이 지휘관을 찾아갔습니다. 자신의 가족들을 죽인 120여 명의 공산 좌익들을 죽이지 말라고 부탁했습니다. 그리고 자신은 그들을 용서한다고 선언했습니다. 전도사님의 뜻은 장하지만, 폭도들에게 가족을 잃은 유족들은 길길이 날뛰었습니다. 그러면 안 된다고, 원수를 갚아야 한다고, 살기등등한 유족들 400여 명이 몰려왔습니다.

 전도사님은 그들 앞에서 차분하게 말씀하셨습니다. "이 비극 속에서 백성들은 썰물에 밀려갔다가 밀물에 몰려오는 고기떼처럼 휩쓸려 갑니다. 이쪽에서 죽고 저쪽에서 죽는 이 치하에서 공산군에 부역을 안 하고 살아남을 사람이 없을 거예요. 여러분이 유가족이라고 살아남았으면, 죄 없는 자가 돌을 들어 쳐보시오. 다시는 보복이 없어야 합니다. 용서해야 합니다."

이 분이 훗날 한국대학생선교회(C.C.C)를 세우신 김준곤(金俊坤) 목사님이십니다. "민족의 가슴마다 피 묻은 그리스도를 심어 이 땅에 푸르고 푸른 그리스도의 계절이 오게 하자"는 비전을 품고 일평생 예수 사랑, 나라 사랑의 길을 걸으셨지요.

김준곤 목사님은 젊은 시절 한성 신학교의 교수로 섬기셨습니다. 한성 신학교 시절에 깊은 성령의 은혜를 체험했고, 그때의 체험이 일생 동안 영향을 끼쳤다고 말씀하기도 하셨습니다. 김준곤이라는 거인의 생애에 중요한 획을 그은 한성 신학교를 세우신 분이 바로 손양원 목사님이십니다.

나환자들을 목회자로 길러내기 위해 세워진 학교가 바로 한성 신학교였습니다. 김준곤 목사님은 그곳의 교수로 손양원 목사님의 신앙과 애국정신을 이어받아서 활동하셨습니다. 여수에 있는 손양원 순교 기념관에 가보면, 한성 신학교의 첫 번째 교수로 부임하신 젊은 날의 김준곤 목사님 사진을 볼 수 있습니다.

성경 66권 가운데 가장 사랑하는 구절을 묻는 질문에 김준곤 목사님은 항상 대답하셨습니다. "여호와를 자기 하나님으로 삼은 백성은 복이 있도다." 바로 손양원 목사님이 1949년 인천에서 부흥회를 하시면서 주제 성구로 선포하셨던 말씀입니다.

말씀을 정리하겠습니다. 세상이 어떻게 돌아가든지 상관없이, 나 혼자 예수 믿고 나 혼자 복 받으며 끼리끼리 모여서 예쁘게 사는 남아프리카 같은 교회가 있습니다. 반대로 역사의 한복판에 뛰어들어서, 온 몸으로 고난을 당하며 마침내 역사의 주인공으로 우뚝 세워지는 찬란한 생애들이 있습니다. 그 영적인 전통이 주기철, 손양원, 김준곤으로 이어졌습니다.

사랑하는 여러분, 우리는 이 위대한 전통을 이어가고 있습니다. 신앙과 애국을 한 몸으로 실천하는 예수 사랑과 나라 사랑의 전통입니다. 주리고 목마르도록 하나님의 의를 총체적으로 추구하던 성서적인 전통입니다. 어두운 세상에 빛이 되고 썩어가는 세상에 소금이 되기를 실천했던 참 신앙의 전통입니다.

이 전통을 이어갈 젊은이들이 필요합니다. 우리들의 시대는 신앙과 애국을 한 몸으로 실천할 젊은 예수 군대를 부르고 있습니다. 주기철, 손양원, 김준곤으로 이어지는 신앙과 애국의 계보에 저와 여러분의 이름도 기록될 수 있기를 주님의 이름으로 축원합니다.

▲ 이승만과 한성감옥의 죄수들, 그들이 남긴 기록

"우리들 생각에는 기독교가 자유의 종교라는 것은 의심의 여지가 없었다. 성경은 진리를 가르치고 있으며 그리고 '진리가 너희를 자유롭게 하리라'고 믿었다. 감옥에 같이 있었던 사람들 모두가 우리 국민들의 갱생(更生)을 위해 기독교 교육을 전파하는데 전력을 기울이자고 결의했다."

밤이 깊을수록 별은 더 빛난다

여러 해 후에 애굽 왕은 죽었고 이스라엘 자손은 고된 노동으로 말미암아 탄식하며 부르짖으니 그 고된 노동으로 말미암아 부르짖는 소리가 하나님께 상달된지라 하나님이 그들의 고통 소리를 들으시고 하나님이 아브라함과 이삭과 야곱에게 세운 그의 언약을 기억하사 하나님이 이스라엘 자손을 돌보셨고 하나님이 그들을 기억하셨더라 (출애굽기 2:23-25)

낮에는 별이 보이지 않습니다. 너무 환하기 때문이지요. 별은 밤이 되어야 비로소 빛을 발합니다. 밤이 깊을수록 별은 더 찬란하게 빛납니다. 칠흑 같은 어둠 속에서 별은 보석 같은 광채를 발합니다.

출애굽 사건은 성서의 보석입니다. 비참한 노예로 인간 이하의 취급을 당하던 믿음의 백성을 하나님이 구출하신 위대한 사건입니다. 출애굽이라는, 별처럼 찬란한 이야기는 칠흑 같은 어두움을 배경으로 전개됩니다.

출애굽을 감싸고 있는 어두움, 첫째로 하나님 부재의 암흑시대입니다. 이집트 주변에 힉소스라는 부족이 있었습니다. 싸움을 잘하고 용맹하고 약탈을 즐기는 사나운 부족이지요. 힉소스가 이집트에 쳐들어가서 점령합니다. 그리고 이집트의 권력을 장악합니다.

힉소스가 통치하고 있을 때, 이스라엘 민족 출신의 걸출한 인물이 재상이 됩니다. 그가 바로 요셉입니다. 요셉이 이집트의 총리가 되었을 때가 힉소스 정권 시절로 추정됩니다.

그런데 시간이 흐르면서 힉소스 정권이 붕괴합니다. 이집트인들이 힉소스를 몰아내고 나라를 되찾습니다. 그러자 이스라엘 민족이 위태로워집니다. 힉소스 정권 아래에서 총리인 요셉의 민족이라고 특별 대우를 받는데, 이제는 오히려 핍박을 당합니다. 힉소스 편이었던 이스라엘이 이제 이집트의 원수가 됩니다.

게다가 이스라엘 민족은 크게 번성해서 숫자가 많아집니다. 애굽의 파라오는 강성해진 이스라엘이 외적과 연합하면 이집트에게 위협이 되리라고 판단합니다. 그래서 자유민이었던 이스라엘을 노예로 만들어버립니다. 결국 이스라엘은 노예로 전락합니다.

그 당시의 노예는 사람이 아닙니다. 노예는 가축처럼 취급당했지요. 이스라엘 민족은 인간 이하의 취급을 받으면서 강제 노동에 시달려야 했습니다. 그 세월이 무려 400년입니다.

사랑하는 여러분, 네 시간 동안 강제 노동을 해도 고통스럽습니다. 4일 동안 강제 노동을 시켰다면 난리가 날 것입니다. 그런데 네 시간만 해도 괴로운 노예 생활과 강제 노동을 무려 400년 동안이나 했습니다.

시간에 비유한다면 칠흑같이 어두운 밤입니다. 빛이라고는 조금도 찾아볼 수 없는 밤입니다. 깊고 너무 깊어서, 어둡고 너무 어두워서 도무지 새벽이 올 것 같지 않은 밤입니다. 유진 피터슨은 이 400년을 가리켜서 "하나님 부재의 시대"라고 말합니다. 하나님이 없는 것 같은 세월이라는 뜻이지요. 하나님이 안 보이는 시절이라는 의미입니다.

하나님 부재의 시간에는 하나님이 나를 사랑하시기는커녕, 도대체 살아계신 지조차 불투명하게 느껴집니다. 하나님이 나를 축복하시는 것은 고사하고, 도무지 나에게 관심이라도 갖고 계신지 의심스럽습니다.

시편에는 하나님 부재의 시간 속에서 탄식하는 노래들이 많습니다.

시편 13편 1절과 2절을 새번역 성경으로 보겠습니다. "주님, 언제까지 나를 잊으시렵니까? 영원히 잊으시렵니까? 언제까지 나를 외면하시렵니까?

언제까지 나의 영혼이 아픔을 견디어야 합니까? 언제까지 고통을 받으며 괴로워하여야 합니까? 언제까지 내 앞에서 의기양양한 원수의 꼴을 보고만 있어야 합니까?"

시편 74편 1절입니다. "하나님, 어찌하여 우리를 이렇게 오랫동안 버리십니까? 어찌하여 주님의 목장에 있는 양 떼에게서 진노를 거두지 않으십니까?"

사랑하는 여러분, 이 시편들이 마음에 와 닿으십니까? 이런 일을 겪으신 적이 있으신가요? 하나님이 도무지 나에게 관심이 없으신 것 같고, 도대체 내 기도에 응답하시지 않는 것 같습니다. 하나님이 아예 나에게서 얼굴을 돌려버리신 것 같습니다.

힘들고 어렵고 아프고 지치는 일은 나에게 너무나 가까운데, 하나님은, 그리고 하나님의 도우심과 축복은 나에게 너무나 멀게만 느껴집니다. 출애굽 사건은 이처럼 하나님이 안 계신 것 같은, 하나님이 모르시는 것 같은, 400년의 고통스러운 시대를 배경으로 합니다. 고난이 민족의 운명으로 낙인찍혀진 시대입니다.

출애굽은 첫째로 하나님 부재의 시대, 하는 일마다 안 되는 시대에 일어납니다. 둘째로 하는 일마다 안 되는 사람을 통해서 일어납니다.
출애굽의 주인공은 모세이지요. 모세는 본래 잘 나가던 사람이었습니다. 이집트의 왕궁에서 자라났습니다. 제왕이 배워야 하는 온갖 통치술을 다 배웠지요. 대제국을 이끌어가는 데 필요한 학문과 기술과 지식에 통달했습니다. 탁월한 실력을 가지고 그는 민족을 살리기로 결심합니다.

우리나라 법률에도 나이 사십이 넘으면 대통령에 출마할 수 있습니다. 모세가 나이 사십이 되어서 민족 구원의 포부를 안고 대권(大權)에 도전합니다. 이스라엘을 괴롭히고 착취하는 이집트의 관리를 때려서 죽입니다. 일종의 무장 독립 투쟁을 시도한 것이지요.
그런데 이 사건이 재앙을 불러옵니다. 이집트가 모세의 반역을 눈치채고 죽이려고 합니다. 그러면 이스라엘에서는 모세를 보호해주어야 합니다. 이스라엘 사람을 위해서 무장 투쟁을 했으니, 모세를 지켜주어야 합니다. 그런데 이스라엘 백성들마저 그에게 등을 돌립니다. "누가 너를 우리 임금으로 세웠느냐. 네가 뭔데 우리의 지도자가 되려고 하느냐." 하면서 모세를 외면합니다.
결국 모세는 양쪽으로부터 동시에 버림받습니다. 이집트에서는 살인자와 반역자로 지명수배당합니다. 이스라엘로부터는 배척받습니다. 할 수 없이 목숨이라도 부지하기 위해서 모세가 도망친 곳이 광야입니다. 문명이 발전한 도시가 아니고 사람이 사는 마을이 아니고 독사와 전갈이 우글거리는 광야로 도망칩니다.

그곳에서 양을 치는 유목민 가족을 만납니다. 그때는 결혼하려면 지참금이 있어야 합니다. 막대한 돈을 지불해야 신부를 데려올 수 있습니다. 그런데 모세는 빈털터리에 가난뱅이 망명객입니다. 도저히 결혼할 수 없는 사람인데, 이드로라는 유목민이 그에게 도움을 베풀지요.

모세가 출중한 인물인 것을 알아보고, 자신의 딸을 그에게 시집보냅니다. 지참금도 없이 결혼했으니, 영락없는 데릴사위입니다. 처가에 빌붙어서 살아야 하는 신세입니다. 더군다나 모세의 아내 십보라는 성격이 아주 드센 여자입니다.

온실의 화초처럼 자란 왕자 출신 모세가, 들판에 잡초처럼 자란 광야의 여인 십보라에게 평생 쥐여서 삽니다. 남자로서 참 딱한 일이지요. 이렇게 모세가 처가에 빌붙어서 양이나 치면서 광야를 떠돈 세월이 무려 40년입니다. 최고의 명문 대학을 나와서 최고의 커리어를 자랑하던 이집트의 왕자가 형편없이 추락해버린 것이지요.

출애굽의 배경은 되는 일이 없는 세월이고, 되는 일이 없는 사람입니다. 하는 일마다 고통스럽고 괴롭던 400년 노예의 시대에, 하는 일마다 실패해서 주눅 들고 눈치 보며 살아야 하는 모세를 통해서 출애굽이라는 엄청난 사건이 일어났습니다.

성경이 이토록 놀랍습니다. 성경은 위대한 역전의 이야기입니다. 잘 되는 세월에 잘 나가는 사람을 통해서도 불가능한 사건이, 안 되는 시대에 안 되는 사람을 통해서 일어났습니다. 어떻게 가능할 수 있었을까요?

출애굽기 2장 23절입니다. "이스라엘 자손은 고된 노동으로 말미암아 탄식하며 부르짖으니 그 고된 노동으로 말미암아 부르짖는 소리가 하나님께 상달된지라."

이스라엘 민족이 부르짖었기 때문입니다. 기도했기 때문입니다. 그 부르짖음을 들으시고 하나님이 역사하셨습니다. 하나님은 실패자 모세를 사용하셔서 실패했던 민족 이스라엘을 구출하셨습니다.

1898년 8월 30일자 〈제국신문〉에 이런 기사가 실렸습니다. 제목은 "대한 사람 봉변한 사실"입니다. "일본 사람이 배를 사서 껍질을 벗길 새 옆에 앉은 대한 사람 하나가 침을 잘못 뱉아 일본인의 옷에 떨어진지라. 일본인이 장동 사는 강흥길을 집탈하여 가지고 배 벗기던 칼로 강가를 찔러 다행히 급소는 상하지 아니하였으나 바른편 손을 찔러 유혈이 낭자한지라…."

그때는 지금처럼 거리가 깨끗하지 않았습니다. 길에다가 침을 뱉는 일 정도는 흔하디흔한 일이었습니다. 그런데 조선 사람이 침을 잘못 뱉어서 일본 사람에게 튀었어요. 그랬다고 칼을 들고 사람을 찌르는 것은 정말 지나친 행동이지요.

이 일이 어디에서 일어났을까요? 일본인들이 마음대로 칼을 쓴 것을 보면 일본일 것 같은데, 아닙니다. 조선의 수도 서울에서 일어났습니다.

이 나라의 수도 한복판에서, 대낮에 침이 튀었다고 일본인이 조선인을 칼로 찔렀습니다. 그러면 누가 처벌받아야 할까요? 누가 경찰에게 잡혀가야 합니까? 당연히 가해자가 벌을 받아야합니다. 그런데 거꾸로 피해자인 조선인이 끌려갔습니다.

조선의 수도에서 조선인이 일본인에게 칼을 맞고 일본 경찰에게 끌려갔습니다. 이게 말이 되느냐고, 그 당시에 유력 일간지였던 제국신문이 보도했습니다. 이 특종을 따낸 제국신문의 기자가 이승만(李承晩)입니다.

이승만은 한국인으로는 최초로 신문을 만든 인물입니다. 한국 최초의 일간지를 창간한 사장 겸 주필 겸 기자였습니다. 나라가 멸망해가던 시대에 계속해서 특종을 터뜨리면서 국민들을 깨우치려고 했던 선각자였습니다.

언론인 이승만은 결국 혁명가가 됩니다. 고종 황제가 다스려서는 나라에 희망이 없다고 판단합니다. 그래서 고종을 물러나게 하고 헌법을 제정한 민주국가를 세우려고 역적모의를 합니다. 하지만 사전에 발각되어서 체포당합니다.

이승만이 끌려간 한성 감옥은 "생지옥"이라고 불렸습니다. 생지옥에 끌려간 역적 이승만은 사형 선고를 받고 끔찍한 고문을 당합니다. 몽둥이로 때리고 주리를 틀고 벌거벗긴 채로 공중에 매달아 놓습니다. 손가락 사이에 나무를 넣고 비틀어서 손이 다 망가집니다.

이승만은 젊어서부터 명필이었습니다. 그런데 고문으로 손을 아예 못 쓰게 되어버립니다. 감옥에서 나와서 하루도 빼놓지 않고 서예 연습을 하는데, 감옥 가기 전의 실력을 회복하는데 무려 39년이 걸립니다. 23세에 고문을 당했는데 77세에도 고문당하는 악몽을 꿉니다. 반세기가 넘도록 고문의 끔찍한 악몽에 시달립니다.

이승만은 고문당해서 망신창이가 되고 언제 처형당할지 모르는 사형수 신세가 되었습니다. 더 이상 내려갈 수 없는 밑바닥까지 추락했을 때, 이승만이 성경을 읽습니다. 성경에서 살아계신 하나님을 만납니다.

1899년 1월 추운 겨울날, 한성 감옥의 사형수 이승만이 머리에는 칼을 쓰고 손목은 수갑으로 채워지고 다리는 족쇄에 묶인 채로 기도합니다. "하나님, 우리 조국을 구해주옵소서, 그리고 내 영혼을 구해주옵소서."

그날, 이승만이 조선의 양반으로서는 최초로 국내에서 기독교인이 됩니다. 최초의 기독교인이면서 동시에 최초의 전도왕이 됩니다. 그가 함께 감옥에 갇혀있던 죄수 40명을 전도합니다. 그런데 1899년에서 1904년까지 이승만이 5년 7개월 동안 한성 감옥에서 전도한 사람들의 명단을 보면 여러분이 다 놀라실 것입니다. 저의 책 〈하나님의 기적 대한민국 건국〉에 명단을 실었습니다.

그들은 한결같이 실력자요 애국자들입니다. 조선이라는 나라는 도저히 가망이 없고, 양반 상놈 차별하는 유교 문화로는 민족의 희망이 없으니, 우리도 민주 국가를 세워야겠다고 혁명하다가 잡혀온 지식인들입니다.

같은 시대에 같은 성향을 가진, 능력도 뛰어나고 인격도 훌륭한 애국자들이 한꺼번에 감옥에 갔습니다. 한꺼번에 이승만의 전도를 받아서 한꺼번에 기독교로 개종합니다. 나중에 그들이 독립운동의 지도자가 되고 대한민국을 건국합니다.

연세대학교 서정민 교수는 이 사건을 가리켜서 "하나님이 우리 역사에서 활동하시는 증거"라고 말했습니다. 하나님이 그 비참한 감옥에서 우리 민족의 지도자들을 한꺼번에 길러내셨습니다. 40여 명의 죄수들이 날마다 모여서 성경을 읽고 나라와 민족을 위해서 기도합니다. 어떻게 하면 멸망할 수밖에 없는 나라를 다시 일으킬 수 있을지를 고민합니다. 그들이 공통적으로 내린 결론이 기독교입니다. 한성 감옥 죄수들의 기록을 읽어드립니다.

"우리들 생각에는 기독교가 자유의 종교라는 것은 의심의 여지가 없었다. 성경은 진리를 가르치고 있으며 그리고 '진리가 너희를 자유롭게 하리라'고 믿었다. 감옥에 같이 있었던 사람들 모두가 우리 국민들의 갱생(更生)을 위해 기독교 교육을 전파하는데 전력을 기울이자고 결의했다."

한성 감옥의 죄수들은 진리에 민족의 운명을 걸었습니다. 진리가 민족을 자유케 하리라고 그들은 믿었습니다. 기독교가 전파하는 하나님의 진리가 민족의 가슴에 새겨지면, 오천 년 짓밟히며 노예처럼 살아온 우리 겨레가 눈부시게 소생하고 부활하리라고 그들은 확신했습니다. 그 믿음과 그 확신이 오늘날의 대한민국을 만들었습니다.

한성 감옥에서 이승만은 이런 글을 썼습니다. 극심한 가뭄이 들었습니다. 강물이 점점 말라갑니다. 도저히 물고기가 살 수 없는 지경이 되었습니다. 강물은 다 말랐고 강바닥까지도 아주 뜨거워졌습니다. 뜨겁고 목말라서 살 수 없게 된 물고기가 살아남으려면 새로운 물줄기를 찾아야 합니다.

무엇이 새로운 물줄기일까요? 이승만이 이렇게 썼습니다. "대한 사람의 새로운 물줄기는 오직 예수교라. 예수교가 들어가면 백성의 마음에서 활력이 솟구치나니, 예수교로만 변혁하는 힘이 있나니, 대한의 장래는 오직 예수교에 있음이라."

학자들은 이승만의 논리를 "기독교 입국론"이라고 부릅니다. 기독교 입국론을 주장할 당시 조선은 꼴찌 중의 꼴찌였습니다. 가난한 나라들 중에서도 제일 가난한 나라였습니다. 그러나 오늘날 조선의 후예 대한민국은 세계사의 불가사의가 되었습니다.

　2차 대전 후 신생 독립한 140여 개국 가운데 유일하게 산업화에 성공하고 유일하게 민주화에 성공한 나라입니다. 유일하게 절대 빈곤에서 탈출했고 역시 유일하게 원조 받는 나라에서 원조 주는 나라로 변신했습니다.

　20세기에 지구상에 존재했던 200여 개 나라 가운데 기독교 성장률 1위, 경제 성장률 1위입니다. 영적인 축복과 물질적인 축복을 다 받았습니다. 대한민국의 성취는 인류 역사 7천 년에 유일한 발자취를 남긴 위대한 기록이요 기적입니다. 그 기적의 출발점은 이승만의 기독교 입국론이었다고 저는 믿습니다. 기독교 입국론의 불덩이를 끌어안고 뜨겁게 기도했던 선조들의 부르짖음이었다고 저는 선포합니다.

　히브리 노예들의 부르짖음을 들으신 하나님이 한성 감옥 죄수들의 기도를 들으셨습니다. 칠흑 같은 역사의 어둠을 뚫고 출애굽을 이루신 하나님이, 조선이 겪었던 고난의 밤을 헤치시고 대한민국의 새벽을 열어주셨습니다.

　말씀을 정리하겠습니다. 성서의 출애굽은 도저히 안 되는 시간에 도저히 안 되는 사람에 의해서 일어났습니다. 도저히 안 되는 일이 되었던 이유는 이스라엘 백성이 부르짖었기 때문입니다. 극심한 고통 속에서도 부르짖음을 포기하지 않고 기도를 멈추지 않았을 때, 4백년 노예였던 민족이 해방될 수 있었습니다.

　성서의 출애굽과 똑같은 일이 우리 민족의 출애굽을 통해서 일어났습니다. 조선이라는 나라는 도저히 안 되는 나라였습니다. 도저히 안 되는 조선에서도 정말 안 되는 사람들이 역적들입니다. 언제 죽을지 모르는 인생들이었습니다. 꺾이고 실패하고 고문당해서 망가진 사람들이었습니다. 그러나 그들이 감옥에서 나라와 민족을 위해서 기도할 때, 대한민국이 탄생했습니다.

사랑하는 여러분, 성경은 단순히 글자로만 쓰인 것이 아닙니다. 성경은 역사로 만들어지고 현실로 출현합니다. 하나님의 말씀은 우리의 현실 속에서 그대로 이루어집니다.

오늘 우리는 성경의 출애굽, 그리고 우리 민족의 출애굽에 관한 말씀을 나누었습니다. 이제 여러분의 출애굽을 꿈꾸어야할 시간입니다. 되는 일이 없는 시간, 되는 일이 없는 인생이라도 포기하지 않고 부르짖을 때, 하나님이 기적을 일으키십니다. 하나님이 놀라운 역사를 시작하십니다. 하나님의 은혜와 축복이 쏟아집니다.

역사의 수레바퀴를 움직이는 힘은 부르짖음입니다. 하늘을 향하여 전심으로 부르짖을 때, 하늘의 빗장이 풀리고 하늘의 문이 열립니다. 하나님의 백성들이 부르짖어 기도할 때, 하나님이 들으시고 역사가 일어납니다.

부르짖는 백성이 되셔서 여러분에게 응답하시는 하나님을 만나시기 바랍니다. 부르짖음으로 여러분의 출애굽을 기록하시기를 주님의 이름으로 축원합니다.

사육신(死六臣)의 한 사람 성삼문(成三問)
사형장으로 끌려가면서 노래한 시(詩)

북소리 울려 사람의 목숨을 재촉하고
서쪽으로 부는 바람에 해는 지려하네
황천 가는 길엔 주막도 없다고 하니
오늘밤엔 뉘 집에서 묵고 갈거나

충성과 의리, 예수 군대의 윤리

여호와의 종 눈의 아들 여호수아가 백십 세에 죽으매 무리가 그의 기업의 경내 에브라임 산지 가아스 산 북쪽 딤낫 헤레스에 장사하였고 (사사기 2:8-9)

〈먼나라 이웃나라〉라는 교양 만화로 유명한 이원복(李元馥)씨가 이런 말을 했습니다. "한국인들이 가장 중요하게 간직해온 가치는 충성(忠)이다." 우리 민족은 강대국 틈바구니에서 오랫동안 고난을 당했습니다. 나라가 멸망할 위기에 처했던 적이 한두 번이 아니었습니다.

그때마다 나라를 구하고 겨레를 지킨 분들이 충신이었습니다. 충신들이 있어서, 5천 년 고난의 세월을 견뎌낼 수 있었습니다. 그래서 우리는 그 무엇보다도 충성을 소중히 여겼고 그 누구보다도 충신들을 존경해왔습니다.

구약 성서의 명장 여호수아는 하나님 나라의 충신입니다. 그의 주된 역할은 가나안을 정복하는 전쟁이었습니다. 가나안 전쟁의 첫 번째 전투가 여리고성 싸움입니다. 군대 용어로 초전박살이라는 말이 있지요. 기선 제압이라는 말도 있습니다. 첫 번째 싸움에서 승리하는 것이 그만큼 중요하다는 뜻입니다. 이 중대한 일전을 앞두고 이스라엘군 사령관 여호수아에게 하나님이 명령하십니다.

여호수아서 5장 2절입니다. "너는 부싯돌로 칼을 만들어 이스라엘 자손들에게 다시 할례를 행하라."

여러분, 이 말씀이 얼마나 황당한지 느껴지십니까? 지금 전쟁 중입니다. 바로 눈앞에 적군이 있습니다. 그런 상황에서 할례를 행하라고 하나님은 명령하십니다. 남자가 할례를 하면 걷기도 어렵습니다.
며칠 동안은 꼼짝도 못하고 누워있어야 합니다. 할례 받고 거동도 못하고 있을 때 적군이 쳐들어오면, 집단 몰살을 당합니다. 적이 칼을 겨누고 있는 상황에서 할례를 행한다는 것은 집단 자살 행위입니다.
그런데 하나님은 할례를 명령하셨습니다. 참으로 황당하고 놀라운 명령입니다. 더욱 더 황당하고 놀라운 일은 여호수아가 그대로 순종했다는 점이지요.

여호수아서 5장 3절입니다. "여호수아가 부싯돌로 칼을 만들어 할례 산에서 이스라엘 자손들에게 할례를 행하니라."

하나님이 2절에서 명령하시자, 3절에서 바로 여호수아가 순종합니다. 완전 군대식입니다. 상관의 명령에 토를 달지 않는 부하처럼, 하나님의 말씀에 즉각적으로 충성하는 모습이지요.
이 할례 사건은 가나안 전쟁의 본질을 보여줍니다. 이 전쟁은 군사력과 물리력의 싸움이 아닙니다. 경제력의 대결도 아닙니다. 가나안 전쟁은 철저히 영적인 전쟁입니다. 하나님이 도와주셔야만 이길 수 있는 전쟁입니다. 그래서 하나님은 할례를 명령하셨고 여호수아는 순종했습니다.

할례는 고백을 표현하는 의식입니다. 하나님만이 우리의 운명을 결정하신다고 고백합니다. 우리는 하나님께 속한 백성들임을 고백합니다. 그래서 여호수아는 대적 앞에서 할례를 행했습니다. 이스라엘 군대가 하나님께 충성하는 군대임을 적들 앞에서 공개적으로 고백했습니다. 하나님이 그 고백을 받으시고 역사하셔서 이스라엘에게 승리를 주셨습니다.

충성과 연결된 것이 의리입니다. 하나님께 충성했던 여호수아는 사람에게는 의리를 지켰습니다. 여호수아의 지휘 아래 이스라엘은 가나안 땅을 정복합니다. 조상 대대로 그토록 갖고 싶어 했던 젖과 꿀이 흐르는 땅을 차지합니다. 이제 점령한 땅을 분배하는 순서가 남았습니다.

사랑하는 여러분, 누가 제일 좋은 땅을 가져야할까요? 누가 제일 넓은 땅을 차지해야할까요? 두말할 필요도 없이 여호수아입니다. 최고 지도자요 총사령관이요 전략가였으니, 승리의 전리품을 제일 많이 갖는 것은 당연합니다.

몇 년 전에 삼성 생명의 주식이 상장되었습니다. 상장되자마자 이건희 회장이 8조원의 수익을 올려서 화제가 되었습니다. 어떻게 보면 자본주의 사회에선 당연한 것입니다. 똑같은 회사에서 일한다고 해서 회장과 사원의 월급이 같을 수는 없습니다.

마찬가지로 똑같은 전쟁에서 싸웠다고 해서 전리품을 똑같이 나눠

가질 수는 없습니다. 회장이 사원보다 많이 받고, 장군이 졸병보다 많이 갖는 것은 당연합니다.

하지만 여호수아는 그 당연한 이익을 취하지 않았습니다. 그는 이스라엘의 열두 씨족을 모아놓고 공평하게 땅을 분배했습니다. 이때 사용한 방법이 제비뽑기입니다. 비슷한 넓이로 땅을 나누어놓고 제비를 뽑아서 나오는 대로 결정했습니다.

여러분, 이게 말이 됩니까? 부동산이라면 한국 사람들이 환장을 합니다. 아파트 분양을 하는데, 프리미엄도 없고 분양가도 없고 대출받을 필요도 없이 제비를 뽑아서 공평하게 나누어준다는 것이 일어날 수 있는 일일까요?

이런 일이 정말로 있다고 가정해봅시다. 국토를 공평하게 나눈 다음에 전 국민을 모아놓고 제비를 뽑아서 건물과 토지를 분양한다고 하면, 난리가 날 것입니다. 좋은 땅을 차지하려고 제비를 가지고 온갖 머리를 굴릴 것입니다. 제비에다가 희한한 표시를 해서 어떻게 해서든지 내가 좋은 땅 차지하려고 갖가지 방법을 동원할 것입니다.

그런데 머리 굴릴 줄 모르는 여호수아는 공평하게 제비를 뽑아서 공평하게 땅을 나누어주었습니다. 최고 사령관과 그 가족이라고 해서 더 좋은 땅을 조금이라도 넓게 차지하지 않았습니다. 장군이라고 해서 혼자서 가지려고 하지 않았습니다. 비록 졸병이라도 목숨을 걸고 함께 싸웠던 전우(戰友)들과 함께 골고루 나누어 가졌습니다.

바로 이것이 의리입니다. 고생을 함께 했으면 이익도 함께 나누고 기쁨도 함께 누리는 것이 의리입니다. 이렇게 멋있는 장군 여호수아가 세상을 떠났습니다.

그의 장례식에 관한 기록, **사사기 2장 9절**입니다. "무리가 그의 기업의 경내 에브라임 산지 가아스 산 북쪽 딤낫 헤레스에 장사하였고"

오늘 나누는 말씀은 전부 다 이상합니다. 전쟁 상황에서 할례를 행하는 것은 미친 짓입니다. 제비를 뽑아서 땅을 나눈다는 것도 비현실적입니다. 여호수아의 장례식도 참으로 이상합니다.

한 민족의 최고 지도자라면 장례식도 그 격에 맞아야 합니다. 국장(國葬)이나 국민장(國民葬)으로 결정하고 국립묘지에 시신을 안장해야 합니다. 전국에 분향소를 설치해서 국민들이 조문해야 합니다.

최근 몇 년 동안 우리나라 전직 대통령들의 장례를 그렇게 치렀습니다. 그런데 여호수아의 경우에는 국장도 아니고 국민장도 아닙니다. 국립묘지를 사용하지도 않았고 분향소도 없었습니다. 그냥 그가 제비 뽑아서 받은 땅에 묻었습니다. 국민들이 조문했다는 내용도 없습니다. 이 내용이 얼마나 이상한지, 다른 장례식 장면과 비교해 보겠습니다.

신명기 34장 8절입니다. "이스라엘 자손이 모압 평지에서 모세를 위하여 애곡하는 기간이 끝나도록 모세를 위하여 삼십 일을 애곡하니라."

똑같이 최고 지도자였는데, 장례식 절차가 너무나 다릅니다. 모세의 장례식은 이스라엘의 국장이었습니다. 요즘 식으로 말하면 장례 기간을 법정 공휴일로 지정했는데, 무려 삼십일이었습니다. 한 달 동안 백성들이 조문을 하면서 모세에 대한 추모와 존경을 표현했습니다.

그런데 여호수아의 장례식은 장례라기보다 그냥 매장이었습니다.

대대적인 의식도 없고 격식도 없었습니다. 그저 땅에다 묻은 것이 전부입니다. 왜 이렇게 차이가 났을까요?

모세가 죽었을 때는 이스라엘 백성들에게 집도 없고 토지도 없었습니다. 광야에서 천막을 치고 살았습니다. 그래서 사람들이 모이기도 쉬웠고 시간도 많았습니다. 장례가 났을 때 천막에 있던 사람들이 우르르 나와서 한꺼번에 조문할 수 있었습니다.

하지만 여호수아가 죽었을 때는 백성들에게 토지가 있었습니다. 그 토지를 가꾸느라고 사람들이 전국으로 흩어졌습니다. 토지에서 나오는 농작물로 음식도 만들도 돈도 만드느라고 사람들이 너무 바빠졌습니다. 이런 상황에서 장례가 나니, 모이기도 어렵고 시간도 없어서 대충 넘어간 것입니다.

이스라엘 백성이 애지중지하는 그 땅을 누가 주었습니까? 그 땅을 차지하는 전쟁을 누가 지휘했습니까? 여호수아가 앞장서서 탁월한 지도력을 발휘한 덕분에 땅을 정복했습니다. 그것을 혼자 갖지 않고 골고루 나누어주었습니다.

그랬더니, 백성들이 땅만 덥석 받아서 챙겼습니다. 내가 땅을 가질 수 있도록 헌신한 영웅의 공로는 잊어버렸습니다. 내 땅에서 이익을 뽑아내느라 혈안이 되어서 여호수아의 장례식은 대충 넘어가 버렸습니다.

어떻게 생각하면, 이런 행태가 당연하기도 합니다. 인터넷에 이런 글이 떠돕니다. "사회 나가면 알게 되는 것들" 그중에 이런 문장이 있습니다. "가는 말이 고우면 사람을 얕본다." 현실적으로 이 말이 맞을 때가 있습니다. 뭔가 있어 보이고 강하게 나가야 사람들이 우습게보지 않지요.

그다음으로 계속됩니다. "일찍 일어나는 새가 더 피곤하다. 일찍 일어난 벌레는 잡아먹힌다." 일찍 출근해서 회사에 충성을 바쳐봐야 더 피곤하기만 합니다. 이런 말들도 있습니다. "참고 참고 또 참으면 참나무가 된다. 헌신하면 헌신짝이 된다."

과거에 윗세대는 평생을 회사에 바쳤습니다. 그 대가로 명예 퇴직, 조기 퇴직 당하면서 쓸쓸하게 밀려났습니다. 그 뒷모습을 보고 자란 오늘의 아랫세대는 아예 헌신을 하지 않습니다. 헌신하면 헌신짝 되는 것을 너무나 잘 알기 때문이지요.

여호수아의 장례식이 비정한 세태를 보여줍니다. 사랑하는 여러분, 그렇다면 우리는 어떻게 살아야할까요? 충성하고 의리를 지키고 헌신해봐야 알아주는 사람이 없다면, 굳이 그럴 필요 없을까요?

성경을 봅시다. 사사기 2장 9절은 여호수아가 묻힌 곳이 가아스산이라고 말합니다. "가아스"라는 이름이 대단히 특이합니다. "부들부들 떨다, 진동하다, 요동친다"는 뜻입니다. 여러분, 언제 몸이 부들부들 떨리시나요? 언제 진동하고 요동을 칩니까?

화가 났을 때입니다. 그래서 노벨 문학상 수상자 엘리비젤이 이 구절을 해석했습니다. "여호수아의 장례식을 너무나 소홀하게 치른 이스라엘 백성들에 대한 분노로 하나님이 진노하셔서 부들부들 떠셨다."

사람은 잊었지만 하나님은 잊지 않으셨습니다. 사람은 배신해도 하나님은 배신하지 않으십니다. 하나님은 의리 없는 자들, 배신하는 자들에 대한 분노로 부들부들 떠셨습니다.

우리가 사람을 대하는 것과 하나님을 대하는 것은 연결되어 있습니다. 둘이 아니라 하나입니다. 여호수아는 하나님께 충성하고 사람에게 의리를 지켰습니다. 반대로 이스라엘 백성은 사람에게 의리를 저버렸습니다.

사사기 1장 첫머리에서 이스라엘 백성은 여호수아를 배신했습니다. 그 이후부터 계속되는 사사기는 여호수아를 배신한 이스라엘이 하나님께 반역하는 모습을 보여줍니다.

그 배신과 반역의 대가로 계속해서 심판받고 얻어터지는 내용이 사사기입니다. 인생을 짧게 보면 의리 없는 자들이 득세하는 것 같습니다. 하지만 역사를 길게 보면 하나님의 심판은 반드시 임합니다. 의리 없는 사람들을 보고 하나님은 부들부들 떠십니다.

하나님은 정확하십니다. 충성과 의리를 저버린 백성들에게 심판을 내리셨습니다. 그리고 충성과 의리를 지킨 여호수아에게 상급을 주셨습니다. 하나님이 여호수아에게 내리신 상급과 축복을 살펴보겠습니다.

여호수아서 1장 1절입니다. "여호와의 종 모세가 죽은 후에 여호와께서 모세의 수종자 눈의 아들 여호수아에게 말씀하여 이르시되"

여기에 보면 하나님 나라의 계급이 분명이 나타나 있습니다. 모세는 "주님의 종"입니다. 구약 성서에서 인간에게 부여하는 최고의 호칭이 바로 이것입니다. 사람이 세운 사람의 종이 아니라, 주님이 특별히 선택하셔서 세우신 주님의 종입니다.

모세는 하나님의 종인데, 대조적으로 여호수아는 "모세의 수종자"라고 소개되어 있습니다. 새번역 성경에는 "모세를 보좌하던"이라고 표현되어 있습니다. 모세는 주님의 종이고 여호수아는 그의 보좌관이요 수종자에 불과합니다.

수종자로 출발했던 여호수아가 평생 하나님께 충성하고 사람에게 의리를 지켰습니다.

그의 마지막 장면, **여호수아서 24장 29절**입니다. "이 일 후에 여호와의 종 눈의 아들 여호수아가 백십 세에 죽으매"

여호수아 1장에서는 "모세의 시종"이었는데, 마지막 24장에서는 "여호와의 종"이 되었습니다. 사람들이 외면한 그를 하나님은 충신으로 인정하시고 최고 지위로 승진시키신 것입니다.

사사기 2장 8절입니다. "여호와의 종 눈의 아들 여호수아가 백십 세에 죽으매"

성경은 여호수아가 "여호와의 종"이라고 또 한 번 확인합니다. 우리는 여기에서 하나님의 평가와 사람의 평가가 전혀 다를 수 있음을 발견합니다. 그리고 사람들의 평가에 하나님은 별로 신경 쓰지 않으신다는 것도 알 수 있습니다. 사람들이 알아주건 말건, 그건 그 사람들 수준입니다. 그 수준에 따라 심판을 받게 됩니다.

사람들과 상관없이 하나님은 여호수아를 최고의 인간으로 인정하셨습니다. 하나님 나라의 충신으로, 최고의 명예와 최고의 계급과 최고의 상급이 그의 것이었습니다. 우리는 천국에서 여호수아가 얼마나 커다란 영광을 누리고 있는 지를 직접 볼 것입니다.

사랑하는 여러분, 하나님은 이렇게 의리가 있으신 분이십니다. 여호수아를 배신한 사람들에 대해서 하나님은 부들부들 떠시며 요동치시며 진노하셨습니다. 그리고 두 번씩 반복해서 여호수아를 "주님의 종"이라는 최고의 호칭으로 부르셨습니다. 그러면 된 것 아닌가요? 하나님이 이렇게 알아주시고 상 주시면 된 것 아닌가요?

의리 없는 세상에서 하나님의 사람들이 의리를 지키며 살아야 하는 이유가 여기에 있습니다. 여러분 모두가 하나님께는 충성하고 사람에게는 의리를 지키는, 절개 있는 예수 군대로 세워지기를 주님의 이름으로 축원합니다.

'충신' 하면 사육신이 떠오릅니다. 사육신의 대표적인 인물이 성삼문(成三問)입니다. 수양 대군이 단종 임금을 몰아내고 왕위를 찬탈하자, 성삼문이 수양 대군 암살 계획을 세웁니다. 하지만 거사 직전에 발각이 되어서 모진 고문을 당합니다.

고문의 기록을 읽어보면 끔찍합니다. 쇠꼬챙이를 시뻘겋게 불에 달구어서 몸을 지집니다. 그러면 살이 지글지글 타들어갑니다. 그런데 그 고통을 겪으면서도 성삼문이 한 번도 흐트러지지 않았다고 합니다. 오히려 고문하는 자들에게 호통을 쳤다고 합니다. "쇠가 식었으니, 더 달구어라!"

'더 뜨겁게 달구어서 더 세게 고문해봐라, 이놈들아. 그런다고 내가 변절할 것 같으냐.' 하는 말입니다. 그 말을 듣고 고문하는 사람들이 두려워했다고 합니다. 정말 무서운 정신력이고 대단한 의지력입니다.

결국 성삼문은 거열형(車裂形)에 처해집니다. 동서남북 방향으로 말을 배치하고 사람을 가운데 세워놓습니다. 말과 사람을 묶은 다음에 말에게 채찍질을 합니다. 말이 놀라서 사방으로 달리면 묶여있던 사람의 몸도 사방으로 찢겨지게 됩니다. 이것이 거열형입니다. 참 무시무시한 벌이지요.

고문이니 거열형이니 삼족을 멸한다느니, 성삼문에 대한 기록을 읽다가 제가 이런 생각을 했습니다. '충성도 좋지만, 뭐 이렇게까지 할 것 있나? 오늘날 같은 민주주의 시대의 기준으로 볼 때는 임금이라는 자에게 그 정도까지 충성하는 게 오히려 어리석은 일이 아닌가? 조선 시대에는 대단한 충신이지만, 현대적인 관점으로 볼 때는 큰 의미가 없는 것 아닌가?'

충신에 대해서 회의적이었는데, 제 생각이 바뀌었던 계기가 있습니다. 이승만 박사에 대한 책에 그분이 소년 시절부터 품었던 비전에 대한 내용이 나옵니다. 소년 이승만이 늘 그 생각을 하면서 살았던 꿈이 있었습니다. '나도 성삼문처럼 충신이 되겠다, 나라를 구하고 백성들을 지키는 충신이 되겠다….'

이것이 어린 시절부터 대한민국의 건국 대통령을 사로잡은 꿈이요 비전입니다. 이승만이라는 천재적인 애국자가 갑자기 하늘에서 뚝 떨어진 것이 아니었습니다. 성삼문이라는 모델이 있어서 이승만이라는 걸출한 인재가 탄생한 것입니다.

역사라는 것이 이렇게 중요합니다. 누군가 충신의 전통을 세워놓았을 때, 그 공동체에서 후손들이 그 길을 따라가면서 바른 역사가 세워집니다. 이 점을 깨달으면서 제가 다시 질문해보았습니다. 성삼문이 과연 누구를 위해서 죽었을까요? 단순 사실로만 보면 단종 임금을 위해서 죽었지요.

그런데 가만히 묵상해보니, 그의 죽음은 곧 나를 위한 것이었습니다. 여러분, 한번 생각해봅시다. 수양 대군이 불법으로 왕위를 차지했습니다. 그런데 우리 조상들이 아무도 반대하지 않고 모두 다 찬성했다고 가정합시다. 어제까지 단종에게 굽신거리던 자들이 한꺼번에 배신하고 등을 돌렸다고 생각해봅시다.

그러면 우리 역사에 무슨 의미가 있을까요? 후손들이 그 역사를 읽으면서 무엇을 배우겠습니까? '조상이라는 분들이 충성도 없고 의리도 없고, 배신이나 때리면서 그저 힘이 있는 쪽이라면 사족을 못 쓰고 굽신거렸구나. 우리 선조들은 간에 붙었다가 쓸개에 붙었다가 하는 간신들이구나.'

어차피 조상도 그랬다면 후손들이 이랬다저랬다 간사하게 사는 것이 오히려 전통을 계승하는 것이지요. 선조들이 모두 간신 같았다면 후손들이 무슨 자부심을 갖겠습니까? 조상과 후손이 모두 간신의 전통을 이어가는 민족에게 무슨 소망이 있을까요?

그래도 성삼문처럼 지조가 있고 절개가 있는 충신들이 있어서, 그분을 보고 따라가는 이승만 건국 대통령 같은 인물도 나오게 됩니다. 충신이 있어서 후손들이 배우기도 하고 자부심도 갖습니다. 충신을 바라보면서 우리 역사와 우리 공동체를 소중히 여기게 됩니다.

성삼문이 처형당하는 날, 사람 죽는 것을 구경하려고 구름 같은 인파가 모여들었습니다. 망나니가 춤을 추고 북소리가 둥둥둥 울리면서 분위기를 돋웁니다. 그 최후의 순간에, 당대의 학자요 문장가였던 성삼문이 시를 짓습니다.

    북소리 울려 사람의 목숨을 재촉하고
    서쪽으로 부는 바람에 해는 지려 하네
    황천 가는 길엔 주막도 없다고 하니
    오늘 밤엔 뉘 집에서 묵고 갈거나

이 시를 들은 소감이 어떤가요? '사람이 이렇게 멋있을 수도 있구나, 우리 조상들이 죽어도 참 멋있게 죽었구나.' 하는 마음이 듭니다. 고문당해서 망신창이가 되었지만, 그래도 시를 짓는 기품이 있습니다. 비참한 죽음 앞에서도 시가 울려져 나올 만큼 맑은 영혼의 여백의 있습니다.

억울하게 죽어가면서도 원망도 없고 불평도 없이 운명을 받아들이면서 시를 짓는다는 것이 얼마나 비장하고 아름답습니까? 마지막 순간에도 흐트러지지 않고 묵묵히 노래를 부르며 사라져가는 충신의 모습이 후손들에게 진한 여운을 남깁니다.

오늘 여호수아의 장례식 이야기와 성삼문의 최후에 대한 메시지를 나누었습니다. 언젠가 우리의 장례식도 열릴 것입니다. 언젠가 우리와 우리 주변 사람들도 세상을 떠날 것입니다. 그리고 우리는 누군가에게 특정한 모습으로 기억될 것입니다.

자식인 여러분에게 묻습니다. 부모에게 어떤 자식으로 기억되고 싶으신가요? 여러분이 부모가 된다면, 자식들에게 어떤 아버지로 혹은 어머니로 간직되고 싶은가요? 여러분 모두에게 묻습니다. 스승에게 어떤 제자로, 친구에게 어떤 벗으로 남고 싶으십니까?

배신과 비겁으로 기억되고 싶은 사람은 없을 것입니다. 흔들리는 갈대처럼 지조 없는 세상에서, 우리 아버지는 의리가 있으신 분이고 어머니는 절개가 있는 분이라고, 자식들에게 기억되고 싶습니다. 이익 앞에서는 신앙도 없어지는 세상에서, 그래도 우리 자식들은 심지가 굳고 곧은 사람이라고, 부모님에게 기억되고 싶습니다. 그 사람은 같이 고생한 친구를 절대로 저버리지 않는다고, 벗들에게 기억되고 싶습니다.

충성과 의리는 예수 군대가 지켜야할 윤리입니다. 우리의 인생길을 마치는 날, 누군가에게 충성과 의리로 멋있게 간직되는 저와 여러분 이기를 주님의 이름으로 축원합니다.

시인, 미당(未堂) 서정주(徐廷柱)

"유명한 시인 미당(未堂) 서정주(徐廷柱) 선생은 중학교에 다닐 때 독립 운동을 하셨습니다. 그러다가 일본 경찰에게 잡혀서 학교에서 퇴학당합니다. 그후로 오랫동안 일본 순사가 감시하고 괴롭혔습니다. 워낙 감수성이 풍부하고 예민한 시인이 일본놈들에게 고통을 심하게 받으면서 우울증에 걸립니다. 나중에는 먹고 살기 위해서, 강요에 못이겨서, 일본을 찬양하는 시를 쓰기도 합니다. 그것 때문에 오늘날까지도 서정주는 친일파로 낙인이 찍혀 있지요. 인생의 꽃을 피우는 사춘기 시절에 독립 운동하다가 퇴학당하고 고초를 겪고 우울증까지 걸리고, 할 수 없이 친일적인 시를 몇편 썼는데, 그 인생 전체를 친일파라고 매도하는 것이 과연 정의로운 일인가요? 한번 생각해볼 문제입니다."

괜, 찬, 타…
괜, 찬, 타…
괜, 찬, 타…

참새 다섯 마리가 두 앗사리온에 팔리는 것이 아니냐 그러나 하나님 앞에는
그 하나도 잊어버리시는 바 되지 아니하는도다 (누가복음 12:6)

이 복음이 이미 너희에게 이르매 너희가 듣고
참으로 하나님의 은혜를 깨달은 날부터 너희 중에서와 같이 또한
온 천하에서도 열매를 맺어 자라는도다 (골로새서 1:6)

   저는 청년 사역을 오래했습니다. 젊은이들이 연애를 하다가 속상하다는 이야기를 많이 들었습니다. 나는 상대방을 많이 좋아하는데, 상대방은 나를 적게 좋아해서 자존심이 상한다고 합니다. 그걸 어떻게 아느냐고 물어보면, 대답이 비슷합니다. "내가 문자를 열 번 보내면 오빠는 다섯 번 보내요…." 수평적인 사랑에서는 크기가 문제입니다. 한쪽은 크고 한쪽은 작아서 크기의 차이로 안타까운 줄다리기를 합니다.
   하지만 수직적인 사랑을 논하면 문제가 달라집니다. 부모님의 사랑이 얼마만큼 클까요? 문자를 열 번 보내는 만큼인가요, 다섯 번 보내는 만큼인가요? 부모님이 사랑이 일억 원 어치인가요 아니면 이억 원

만큼인가요? 부모의 사랑을 숫자나 액수로 말할 수 없습니다. 수직적인 사랑에서는 크기가 문제가 아니라, 깨달음이 문제이기 때문입니다.

어느 초등학교에서 부모님의 은혜에 대해서 글짓기를 했습니다. 1학년 아이가 이렇게 썼답니다. "지난번에 비가 올 때 나를 위해서 우산을 들고 학교 앞에서 기다려주셔서 감사해요." 부모가 자식을 위해서 한 일이 고작 우산 들고 있는 것뿐일까요? 그것보다 더 많은 것을 하셨고 더 많은 것을 주셨습니다. 사실은 우리에게 생명을 주신 분들입니다. 하지만 초등학교 일학년이 깨달은 것은 우산 정도입니다.

수직적인 사랑에서는 깨달음이 문제입니다. 깨달은 자에게 부모님의 사랑은 우주보다 더 큽니다. 깨닫지 못한 자에게 부모의 사랑이란 건 있으나 마나이지요. 친구의 사랑만도 못합니다. 그래서 깨닫지 못한 자녀들은 부모가 무얼 해주었느냐고 원망하면서, 친구 따라 강남 갑니다.

하나님과의 관계도 마찬가지입니다. 깨달은 자에게 하나님의 사랑은 무한하고 영원합니다. 깨닫지 못한 자에게, 하나님의 사랑은 보이지도 않고 들리지도 않고 느껴지지도 않습니다.

하나님의 은혜를 깨달으라는 뜻으로 성경은 참새 시리즈를 이야기합니다. 성경에 참새 이야기가 두 번 나옵니다.

한 곳은 **마태복음 10장 29절**이지요. "참새 두 마리가 한 앗사리온에 팔리는 것이 아니냐."

참새는 그 당시에 가장 저렴한 육류(肉類)였습니다. 예루살렘 시장에서 한 앗사리온을 내면 참새 두 마리를 살 수 있었습니다. 그것이 마태복음의 기록이지요.

또 한 곳은 **누가복음 12장 6절**입니다. "참새 다섯 마리가 두 앗사리온에 팔리는 것이 아니냐."

마태복음에서 한 앗사리온에 참새 두 마리였습니다. 그러면 두 앗사리온으로는 참새를 몇 마리 살 수 있을까요? 네 마리입니다. 그런데 누가복음에서는 두 앗사리온에 참새 다섯이 팔린다고 기록되어 있습니다. 왜 그럴까요?

참새를 네 마리 사면 한 마리 정도는 덤으로 더 줍니다. 그러니까 참새 다섯 마리 중에서 네 마리는 제값으로 산 것이고 한 마리는 덤으로 산 것입니다. 본문을 해석하는데 이 덤으로 산 참새가 중요합니다.

마태복음 10장 29절입니다. "그러나 너희 아버지께서 허락하지 아니하시면 그 하나도 땅에 떨어지지 아니하리라."
누가복음 12장 6절입니다. "그러나 하나님 앞에는 그 하나도 잊어 버리시는 바 되지 아니하는도다."

마태복음과 마가복음에 모두 "그"라는 정관사가 쓰였습니다. 그냥 참새 "하나라도"가 아닙니다. "그 하나라도"입니다. 다섯 마리의 참새 가운데 특별한 한 마리를 가리킵니다.

위대한 성서학자 바클레이는 본문의 "그 하나"란 다섯 마리의 참새 중에서 덤으로 팔린 참새를 가리킨다고 지적했습니다. 땅에 떨어진다는 말은 참새가 땅 위에서 폴짝폴짝하면서 뛰어 다니는 모습을 묘사한 단어입니다.

한번 생각해봅시다. 동물의 왕인 사자도 아니고 새들의 왕인 독수리도 아닙니다. 본문에 등장한 새는 가장 보잘것없는 참새입니다. 그 당시에 돈 주고 사서 먹을 수 있는 고기 가운데 가장 값싼 고기입니다. 참새 중에서도 그냥 참새가 아니라 덤으로 팔린 참새입니다.

그 참새가 무슨 대단한 일을 하는 것도 아닙니다. 먼지 구덩이 속을 기어 다니는 더러운 벌레 한 마리를 잡아먹으려고 폴짝폴짝 뛰어다닙니다. 그런데 우리 하나님은 덤으로 팔린 참새 한 마리까지도 사랑하십니다.

참새 한마리가 종종걸음으로 뛰어다니는 것 하나까지도 사랑과 애정이 깃든 눈길로 바라보십니다. 그렇게 작은 참새가 그렇게 조그만 부리로 먼지 속에 있는 벌레 한 마리 잡아먹는 것까지도 하나님이 돌보십니다.

사랑하는 여러분, 이 말씀이 누구를 위한 말씀일까요? 참새를 향한 말씀일까요? 하나님이 참새를 얼마나 사랑하시는 지를 보여주는 말씀일까요? 그러니까 우리도 참새를 사랑해서 자연보호 운동을 하라는 것이 성경의 메시지일까요? 그렇지는 않습니다.

누가복음 12장 7절을 보겠습니다. "너희에게는 심지어 머리털까지도 다 세신 바 되었나니 두려워하지 말라 너희는 많은 참새보다 귀하니라."

덤으로 팔린 참새까지도 사랑하시는 하나님이라면, 그 하나님이 우리를 얼마나 더 사랑하실까요? 이것이 성경의 메시지입니다.

하나님 아버지는 우리의 머리털까지도 세시면서 우리를 사랑하십니다. 어젯밤에 내 머리털이 몇 개가 빠졌고 오늘 새로 몇 개가 돋아났는지, 나는 모르지만 하나님은 아십니다. 그토록 세심하게 우리를 돌보십니다.

사랑하는 여러분, 신앙이란 먼저 하나님의 사랑을 받아들이는 것입니다. 내가 하나님을 사랑하기 전에 하나님이 먼저 나를 사랑하셨습니다. 하나밖에 없는 외아들 예수 그리스도를 십자가에 내어주시기까지 나를 사랑하셨습니다.

그 하나님 아버지의 끝없는 사랑을 믿는 것이 신앙입니다. 어떠한 순간에도 나를 있는 모습 그대로 사랑하시는 하나님을 믿는 것입니다.

저의 후배 아버님이 목사님이십니다. 그분은 매일 침대에서 주무시는 것이 아니고 강대상 위에서 주무십니다. 교인들을 위하여 기도하다가 강대상에서 주무시고 거기에서 일어나서 새벽 기도를 하십니다. 제가 그분이 참 존경스럽다고 말했더니, 후배가 대답했습니다. "선배는 우리 아버지가 존경스러워요? 저는 불쌍합니다…."

왜 그런 소리를 했느냐 하면, 그분이 과거에는 목회를 크게 하셨습니다. 지역 사회에서 제일 크고 빠르게 성장하는 교회를 섬기셨습니다. 그런데 교회에 문제가 생겨서 교인들에게 쫓겨나셨습니다. 그 다음부터는 목회가 잘 안되셨습니다. 가는 곳마다 작은 교회를 섬기셨지요.

그러는 사이에 세월이 흐르고 흘러 환갑이 넘으셨습니다. 여러 가지 병도 생기셔서 건강도 약해지셨습니다. 은퇴할 때가 되니, 그분의 마음속에 남아있는 것은 하나, 죄송함뿐이랍니다. "내가 목회를 잘 했어야 하는데, 교회를 부흥시켰어야 하는데, 그러지 못했으니, 그저 하나님께 죄송하다. 이제 내가 할 수 있는 것이라고는 기도 밖에는 없다….”

이런 마음으로 연세도 많으시고 병도 있으신 분이 강대상에서 주무십니다. 저는 그분을 존경합니다. 그분의 헌신과 열심은 보통 사람이 따라 하기 어렵습니다. 하지만 동시에 저는 그분의 아들, 제 후배의 평가에 동의합니다. 그분은 불쌍하십니다.

여러분, 한번 생각해봅시다. 하나님이 목회를 잘해서 크게 부흥한 교회의 목사만 사랑하실까요? 작은 개척 교회 목사는 사랑하시지 않을까요? 평신도의 예를 들어봅시다. 하나님이 사업도 잘하고 헌금도 잘 내고 유명해진 사람만 사랑하실까요? 학벌도 시원찮고 직장도 그렇고 그런 사람은 하나님이 사랑하시지 않으실까요?

부모 자식 간의 예를 들어보겠습니다. 옆집 아이가 공부를 잘합니다. 우리 집 아이는 성적이 떨어집니다. 그러면 옆집과 아이를 바꿀 부모가 있을까요? 자식이 잘하기 때문에 사랑하는 것 아닙니다. 자식이기 때문에 부모는 사랑합니다.

죄 있는 육신의 부모도 자식이라서 사랑한다면, 하나님은 얼마나 더 사랑하실까요? 우리가 뭘 잘해야만 사랑하시는 것 아닙니다. 우리에게 자격이 있어서 사랑하시는 것 아닙니다. 자녀이기 때문에 사랑하십니다. 실수하고 넘어지고 깨어지고 상처받아도 자식이기 때문에, 있는 모습 그대로 사랑하십니다.

신학자 벤자민 워필드는 이렇게 정의했습니다. "은혜란 사랑받을 자격이 없는 죄인들에게 부어주시는 하나님의 사랑이다." 자격이 없는 나를, 여전히 죄인인 나를, 교회 십 년 이십 년 다녀도 부족한 점투성이인 나를 하나님은 한결같이 사랑하십니다. 이 하나님을 알고, 은혜를 체험할 때에 인생에 참된 행복이 깃듭니다.

제가 예로든 목사님은 훌륭하신 분이십니다. 그러나 감히 평가하자면, 행복하신 분은 아니신 것 같습니다. 은혜를 모르면 교회를 다녀도 불행할 수 있습니다. 열심히 믿는데도 팍팍해지고 힘들어지기만 할 수도 있습니다. 은혜를 깨달아 예수 믿는 것이 날마다 기뻐지는 저와 여러분이기를, 주님의 이름으로 축원합니다.

그러면 내가 잘할 때뿐 아니라 못할 때도 하나님이 사랑하신다면, 대충 살고 막 살아도 될까요? 그렇지 않습니다. 그럴 수 없습니다. 내가 죄를 짓는 그 순간에도 나를 사랑하시는 하나님의 은혜를 정말로 알면, 조금이라도 죄 짓지 않고 살기 위해 노력하게 됩니다. 내가 엉망진창인데도 나를 받아주시는 하나님의 은혜를 참으로 깨달으면, 그 은혜가 너무 고마워서 변화되려고 애쓰게 됩니다.

로마서 6장 1절과 2절 말씀입니다. "그런즉 우리가 무슨 말을 하리요 은혜를 더하게 하려고 죄에 거하겠느냐. 그럴 수 없느니라…."

설교자로서 저의 체험을 말씀드리겠습니다. 제가 전도사 시절에는 설교 한번 하고 나서 지옥과 천당을 오갔습니다. 설교를 되게 잘한 것 같으면, 하나님이 바로 아파트 위층에 살고 계신 것 같습니다. 내가 하나님 바로 아래에서, 하나님 다음으로 끗발 날리는 것 같습니다. 내가 세상에서 제일 설교를 잘하는 것 같습니다. 그때는 정말 조국이 왜 나를 몰라주는지 억울했습니다.

반대로 설교를 못 하면, 더 이상 비참할 수 없습니다. 쥐구멍에라도 들어가고 싶습니다. 창피해서 얼굴을 못들 지경입니다. 설교를 망친 설교자의 참담함, 그건 겪어보지 않으면 모릅니다.

그런데 어느 날 제가 은혜를 깨달았습니다. '나 같은 죄인이, 지옥에 던져져 마땅한 죄인이, 하나님의 은혜로 구원받아서 하나님의 말씀을 전하게 되었으니, 이것 자체가 은혜로구나. 내가 꼭 잘해야만 하나님이 사랑하시는 것이 아니고 잘하든 못하든, 나를 나 자체로 사랑하시는구나….'

설교할 수 있는 것 자체가 은혜임을 깨달았습니다. 그다음부터 제가 자유로워졌습니다. 설교를 한 번 잘했다고 날아가지도 않고 한 번 못했다고 기어가지도 않습니다. 말씀 전하는 것 자체가 감사하고 또 감사합니다.

그러면 설교를 못해도 하나님이 저를 사랑하시니까, 그다음부터 제가 설교 준비를 안 했을까요? 그렇지 않습니다. 그럴 수 없습니다. 제가 생각해도 망친 설교인데, 하나님이 그걸 통해서도 은혜를 주십니다. 그 은혜를 아는데 어떻게 대충할 수 있겠어요? 제 나름대로 좋은 설교하려고 꽤 애를 쓰고 노력을 합니다.

골로새서 1장 6절을 봅시다. "이 복음이 이미 너희에게 이르매 너희가 듣고 참으로 하나님의 은혜를 깨달은 날부터 너희 중에서와 같이 또한 온 천하에서도 열매를 맺어 자라는도다."

언제부터 우리가 열매를 맺어 자라나요? "참으로 하나님의 은혜를 깨달은 날부터"입니다. 은혜를 깨닫지 못하고 내가 잘해야만 사랑하신다고 믿으면, 얼마나 인생이 피곤하겠어요? 어쩌다가 못하기라도 하면, 얼마나 불안하고 힘들겠습니까?

은혜를 깨달아서 내가 못해도 사랑하신다고 믿으면, 영혼이 자유로워집니다. 못해도 사랑하시니 감사하는 마음이 샘솟습니다. 그 감사와 자유 안에서 나름대로 최선을 다하면 됩니다. 최선을 다해서 좋은 결과가 있든 나쁜 결과가 있든, 변함없이 나를 사랑하시는 은혜 안에서 살면 됩니다. 참으로 하나님의 은혜를 깨달은 날부터, 우리는 영적으로 자라나 아름다운 열매를 맺을 수 있습니다.

유명한 시인 미당(未堂) 서정주(徐廷柱) 선생은 중학교에 다닐 때 독립 운동을 하셨습니다. 그러다가 일본 경찰에게 잡혀서 학교에서 퇴학당합니다. 그 후로 오랫동안 일본 순사가 감시하고 괴롭혔습니다.

워낙 감수성이 풍부하고 예민한 시인이 일본 놈들에게 고통을 심하게 받으면서 우울증에 걸립니다. 나중에는 먹고살기 위해서, 강요에 못 이겨서, 일본을 찬양하는 시를 쓰기도 합니다. 그것 때문에 오늘날까지도 서정주는 친일파로 낙인이 찍혀 있지요.

인생의 꽃을 피우는 사춘기 시절에 독립 운동하다가 퇴학당하고 고초를 겪고 우울증까지 걸리고, 할 수 없이 친일적인 시를 몇 편 썼는데, 그 인생 전체를 친일파라고 매도하는 것이 과연 정의로운 일인가요? 한번 생각해볼 문제입니다.

해방이 된 다음에도 서정주의 고난은 이어집니다. 6.25 사변 때 대구로 피난을 갔다가 끔찍한 장면을 목격합니다. 장대비가 억수같이 퍼붓는데, 길거리에 산더미처럼 시체가 쌓여있었습니다. 눈이 터지고 팔이 잘라지고 썩어가는 시체들을 보면, 건강한 사람도 충격을 받을 것입니다.

예민한 시인에다가 우울증 환자였던 서정주가 참혹한 장면을 보고 정신이 돌아버립니다. 실어증에 걸려서 한동안 말을 못합니다. 불면증으로 오랫동안 잠을 못 잡니다. 심지어는 자살을 시도합니다.

전쟁이 끝난 다음에도 평생 환청에 시달립니다. 공산당이 쳐들어와서 사람 죽인다는 소리가 계속 귓전에 들려옵니다. 공포감에 사로잡혀서 벌벌 떨면서 반은 미친 채로 살아갑니다.

이런 분이 정상적인 사회생활을 하기는 어렵지요. 어느 직장에 들어가든지 환청과 공포증 때문에 몇 달 못 넘깁니다. 한 번은 전주 고등학교에서 교사로 일하다가 정신병이 도져서 그만두었습니다. 실업자 신세가 되어서 이사를 가는데, 산을 넘게 되었습니다.

마침 그 산을 공산 게릴라들이 장악해서 길이 막혔습니다. 하는 수 없이 산 중턱 오두막집에 앉아서 길이 열리기를 기다리는데, 갑자기 눈이 쏟아집니다. 하염없이 내리는 눈을 미치광이 시인이 멍하니 바라봅니다.

여러분, 눈이 어떻게 내리지요? 펄펄 쏟아지든지, 펑펑 내리든지, 소복소복 쌓입니다. 그런데 시인은 눈이 그냥 내리는 것이 아니라 말을 하면서 내린다고 합니다. 눈송이가 하나 떨어지면서 말합니다. '괜' 또 하나 내리면서 말합니다. '찬' 또 다시 눈이 내리면서 말합니다. '타'

눈이 그냥 내리는 게 아닙니다. 괜, 찬, 타, 괜, 찬, 타 하면서 내립니다. 정신병으로 실업자가 된 시인이 쏟아져 내리는 눈을 보면서 지은 시가 "내리는 눈발 속에서는" 입니다.

괜, 찬, 타... 괜, 찬, 타... 괜, 찬, 타... 괜, 찬, 타...
수부룩이 내리는 눈발 속에서는
까투리 매추래기 새끼들도 깃들이어 오는 소리

괜, 찬, 타… 괜, 찬, 타… 괜, 찬, 타… 괜, 찬, 타…
폭으은히 내려오는 눈발 속에서는
낯이 붉은 처녀 아이들도 깃들이어 오는 소리

울고 웃고 수구리고 새파라니 얼어서
운명들이 모두 다 안기어 드는 소리…

괜찮기는 뭐가 괜찮은가요? 우울증에 불면증에 실어증에 환청에 공포증에 실업자에 친일파라는 낙인에, 도무지 괜찮은 게 없습니다. 그런데도 미당 서정주는 괜찮다고 노래했습니다. '아직 끝나지 않았다, 이 정도면 괜찮다.' 하면서, 인생에 대한 긍정을 노래하며 끝까지 삶을 포기하지 않았습니다.

금방 죽을 것 같았던 미치광이가 괜찮타, 괜찮타 하면서 85세까지 살았습니다. 몇 달을 못 버티고 쫓겨나다시피 직장을 옮기던 실업자가 나중에는 대학에서 정년 퇴직을 했습니다. 그리고 우리 겨레의 심금을 울리는 수백 편의 걸작을 남겼습니다.

85세를 일기로 세상을 떠나시던 날, 서울에는 폭설이 내렸습니다. 창밖으로 하염없이 쏟아지는 눈발을 바라보며, 우리 민족의 대시인(大詩人)은 최후의 한마디를 남겼습니다. '괜, 찬, 타…'

저의 졸저(拙著) 〈친일청산에 대한 성서적 입장〉에서 서정주의 마지막을 이렇게 썼습니다. "2000년 12월 24일, 이 땅에 오신 예수를 기리는 성탄 전야에, 서정주는 이 땅을 떠났다. 여든 다섯 해, 파란만장한 생을 마감한 시인이 저 세상으로 가던 날, 서울에는 함박눈이 내렸다. 영광과 수치, 욕됨과 아름다움을 교차했던 시인을 향해서 하늘은 '괜찮다'는 시어(詩語)를 마지막으로 건넨 것 아닐까."

  우리가 사는 날들 동안, 언제나 좋은 일만 있는 것은 아닙니다. 말도 안 되는 일을 겪으면서 제 정신이 아닌 채로 세상이 미친 것처럼 돌아갑니다. 그럼에도 불구하고 우리가 절망 속에 주저앉지 않는 이유, 그럼에도 불구하고 괜찮다고 말씀하시는 하나님을 믿기 때문입니다.
  내가 봐도 안 괜찮은 나에게, 하나님은 괜찮다고 말씀하십니다. "모자라도 괜찮고 부족해도 괜찮고 실수해도 괜찮다, 내가 너를 사랑하기에, 내가 너를 포기하지 않기에, 너는 결국 괜찮다."
  이 하나님을 믿고 엎어지고 넘어지면서도 끝까지 포기하지 않을 때, 구체적으로 하나님의 도우심이 임합니다. 하나님이 정말로 나를 도와주신다는 것을 정말로 경험하시는 교우들이 되시기를, 주님의 이름으로 축원합니다.

괜, 찬, 타... 괜, 찬, 타... 괜, 찬, 타..._171

▲ 그림, 아브라함의 언약

"참 이상합니다. 계약을 맺고 맹세를 하려면 쪼갠 제물 사이를 양쪽이 다 지나가야 합니다. 그런데 창세기 15장에서는 하나님 혼자서 북 치고 장구 치고 다하셨습니다. 첫째로 아브라함을 재우시고 둘째로 잠든 틈을 타서 혼자서 제물 사이를 통과하시고 셋째로 상황이 종료되었다고 선포하셨습니다.

계약이라는 것은 쌍방 간에 이루어지는 것입니다. 그런데 하나님은 일방적인 계약을 맺으셨지요. 그 이유는 무엇일까요?"

중보자의 사랑

해가 져서 어두울 때에 연기 나는 화로가 보이며 타는 횃불이 쪼갠 고기 사이로 지나더라
그 날에 여호와께서 아브람과 더불어 언약을 세워 이르시되 내가 이 땅을
애굽 강에서부터 그 큰 강 유브라데까지 네 자손에게 주노니 (창세기 15:17-18)

그 사람들이 거기서 떠나 소돔으로 향하여 가고
아브라함은 여호와 앞에 그대로 섰더니 (창세기 18:22)

창세기 15장은 아브라함 시대에 계약을 맺는 장면입니다. 개인과 개인이 중요한 약속을 할 때, 혹은 나라와 나라가 조약을 맺을 때, 짐승을 잡아서 둘로 자릅니다. 짐승을 쪼개는 이유는 무엇일까요? 예를 들어봅시다.

기원전 8세기경 아시리아의 왕 아슈르니라리 6세와 비트 아구시의 왕 마티 일루가 맺은 계약의 기록이 지금도 남아있습니다. 그들은 염소의 머리를 잘라놓고 엄숙하게 선언했습니다. "이 머리는 염소의 머리가 아니라 마티 일루의 머리요, 그의 아들들과 신하 및 백성들의 머리이다. 만약 여기 적힌 약속들 중 어느 하나라도 어겼을 경우에는, 이 염소의 머리가 잘려진 것처럼 그들의 머리도 잘려질 것이다."

표현이 좀 무시무시합니다. 약속 하나라도 어기면 염소의 머리를 자르듯이, 사람 머리를 자르겠다고 맹세했습니다. 계약 하나에 내 머리뿐만 아니라 자손들과 신하와 백성들의 머리가 달려있습니다. 수많은 목들이 잘라질 것을 각오하고 하는 약속이라면, 반드시 지켜야만 합니다. 오늘의 본문이 이처럼 중요한 약속을 소개합니다.

창세기 15장 7절입니다. "또 그에게 이르시되 나는 이 땅을 네게 주어 소유를 삼게 하려고 너를 갈대아인의 우르에서 이끌어 낸 여호와니라."

하나님이 아브라함에게 땅을 주시겠다고 약속하셨습니다. 땅이 있어야 집을 짓고 살 수 있습니다. 땅이 있어야 농사를 짓거나 목축을 할 수 있습니다. 땅이 있어야 그곳에 문명을 건설할 수 있습니다. 아브라함 시대에 땅이 있으면 자유인이요 땅이 없으면 노예 혹은 떠돌이입니다.

한마디로 그 당시에 땅이 있으면 나머지는 다 해결이 됩니다. 땅이 있으면 다 있는 것입니다. 그러므로 땅은 축복을 의미합니다. 하나님은 아브라함을 축복하시겠다는 뜻으로 땅을 약속하셨습니다.

아브라함 한 사람을 위한 땅을 주시겠다고 해도 대단한 말씀이지요. 그런데 하나님은 사람이 감히 상상치 못할 정도로 스케일이 크십니다. 개인 용도로 쓰일 정도의 면적이 아니라, 민족 전체가 쓸 수 있는 거대한 땅을 주시겠다고 약속하셨습니다. 장차 아브라함의 후손이 큰 민족을 이루도록 하시고 그들 모두가 살 수 있는 광활한 대지를 주시겠다는 말씀입니다. 하나님이 주실 땅이 얼마나 넓은지 살펴봅시다.

창세기 15장 19절에서 21절입니다. "곧 겐 족속과 그니스 족속과 갓몬 족속과 헷 족속과 브리스 족속과 르바 족속과 아모리 족속과 가나안 족속과 기르가스 족속과 여부스 족속의 땅이니라 하셨더라."

여기에 나와 있는 족속들을 세어보면 열 개입니다. 무려 열 개의 민족이 차지하고 있는 땅 전체를 아브라함 한 사람의 후손에게 모두 주시겠다고 하나님은 약속하셨습니다.

이 엄청난 말씀을 듣고 아브라함이 질문합니다. "그처럼 놀라운 축복을 주신다는 것을 제가 어떻게 확신할 수 있겠습니까?" 아브라함의 질문을 받고 그에게 확신을 심어주시기 위하여 하나님은 그 당시에 사용되던 계약 의식을 동원하십니다.

창세기 15장 9절입니다. "여호와께서 그에게 이르시되 나를 위하여 삼 년 된 암소와 삼 년 된 암염소와 삼 년 된 숫양과 산비둘기와 집비둘기 새끼를 가져올지니라."

계약을 맺으려면 먼저 제물이 있어야 합니다. 중요한 계약에 사용되는 제물은 당연히 가장 좋은 것이어야 합니다. 그래서 성경에 삼 년 된 암소, 삼 년 된 암염소, 삼 년 된 숫양이 등장합니다. 삼 년 된 가축은 제일 비싼 값에 팔리는 최상품입니다. 하나님은 삼 년 된 암소, 암염소, 숫양, 산비둘기, 집비둘기 이렇게 다양한 제물을 제일 좋은 것으로 준비하라고 명령하셨습니다.

계속해서 **창세기 15장 10절**입니다. "아브람이 그 모든 것을 가져다가 그 중간을 쪼개고 그 쪼갠 것을 마주 대하여 놓고 그 새는 쪼개지 아니하였으며"

그 제물들을 반씩 쪼개어서 양쪽으로 놓습니다. 그리고 쪼개진 제물 사이를 계약을 맺는 당사자들이 걸어갑니다. 만약에 이 약속을 지키지 않으면, 쪼개진 제물처럼 저주를 받으리라는 맹세를 서로 확인하는 것입니다.

이제 모든 준비가 끝났습니다. 하나님이 먼저 제물 사이를 지나가시면, 그 다음에 아브라함이 지나가면 됩니다. 아브라함은 하나님이 사자를 보내셔서 제물 사이를 통과하시를 기다렸습니다.
그런데 문제가 생겼습니다. 하나님이 지각을 하십니다. 저 높은 하늘에서부터 이 낮은 땅까지 내려오시는데, 아무래도 차가 막히신 모양입니다. 아무리 기다려도 안 오십니다. 하루 종일 기다렸는데도 소식이 없습니다. 기다리다가 기다리다가, 이제 잠을 자야 할 시간이 되었습니다. 그때 비로소 하나님이 비로소 행동을 개시하십니다.

하나님의 첫 번째 행동, 창세기 15장 12절입니다. "해 질 때에 아브람에게 깊은 잠이 임하고"
여러분, 이 표현을 주목해서 보십시오. 아브람이 저절로 잠든 것이 아닙니다. 그에게 깊은 잠이 임했습니다. 아브람이 능동적으로 잠을 잔 것이 아닙니다. 잠이 그에게 임해서 어쩔 수 없이 잠이 들어버렸습니다. 그러면 누가 잠이 임하게 하셨을까요? 하나님이십니다.
여기에 쓰인 "잠"이라는 단어에는 초자연적인 의미가 담겨있습니다. 피곤해서 잠드는 자연적인 잠이 아닙니다. 하나님이 능력을 발휘하셔서 재워버리신 초자연적인 잠입니다. 인간의 힘으로는 도저히 깨어날 수 없는 잠이지요. 하나님의 행동, 첫째로 강력한 수면 주사를 놓으셨습니다.

둘째로, **창세기 15장 17절**을 봅시다. "해가 져서 어두울 때에 연기 나는 화로가 보이며 타는 횃불이 쪼갠 고기 사이로 지나더라."

활활 타오르는 횃불이 쪼갠 고기 사이로 지나갔습니다. 그 당시의 풍습을 따라 하나님이 계약의 제물 사이를 지나가신 것입니다. 이제 하나님이 지나가셨으니, 다음에 아브라함이 지나가면 됩니다. 그것으로 계약이 성립되지요. 그런데 지금 아브라함은 잠들어있습니다. 쪼갠 제물 사이를 걸어서 지나갈 수가 없습니다. 여기에서 하나님의 세 번째 행동이 나옵니다.

창세기 15장 18절입니다. "그 날에 여호와께서 아브람과 더불어 언약을 세워 이르시되 내가 이 땅을 애굽 강에서부터 그 큰 강 유브라데 까지 네 자손에게 주노니"

하나님은 이제 맹세의 의식이 끝났다고 선포하셨습니다. 참 이상합니다. 계약을 맺고 맹세를 하려면 쪼갠 제물 사이를 양쪽이 다 지나가야 합니다. 그런데 창세기 15장에서는 하나님 혼자서 북 치고 장구 치고 다하셨습니다.

첫째로 아브라함을 재우시고 둘째로 잠든 틈을 타서 혼자서 제물 사이를 통과하시고 셋째로 상황이 종료되었다고 선포하셨습니다. 계약이라는 것은 쌍방 간에 이루어지는 것입니다. 그런데 하나님은 일방적인 계약을 맺으셨지요. 그 이유는 무엇일까요?

한번 생각해봅시다. 쪼갠 제물 사이를 걸어가는 의식은 반드시 약속을 지키겠다는 뜻입니다. 약속을 어길 시에는 제물처럼 쪼개질 것이라고 죽음과 저주를 걸고 하는 약속입니다.

하나님은 땅을 주시겠다고 맹세하셨습니다. 그 약속을 지키실 수 있고 실제로 지키셨습니다. 따라서 하나님이 제물 사이를 횃불로 통과하신 것은 타당하지요. 하나님은 아브라함에게 100% 신실하십니다.

그렇다면 아브라함은 하나님께 100% 신실할 수 있을까요? 하나님이 후손을 주시고 땅을 주신다고 하신 말씀을 완벽하게 믿을 수 있을까요? 단 한 순간도 믿음이 흔들리지 않고 순도 100%의 신앙으로 오직 하나님만을 따라갈 수 있을까요? 그럴 수 있다면 그게 사람인가요?

하나님이 아들을 주신다고 하셨는데, 창세기 15장에서 아브라함은 하인 엘리에셀을 상속자로 삼겠다고 말합니다. 분명히 본부인을 통해서 자식을 주신다고 하셨는데 16장에서는 첩을 통해서 아들을 얻습니다. 하나님이 주신다고 쪼갠 제물을 걸고 맹세까지 하셨으면 그걸 믿고 기다려야하는데, 아브라함은 그러지 못했습니다.

믿었던 적도 있었지만 믿지 못했던 적도 있었습니다. 믿음이 좋았던 적도 있었지만 믿음이 좋지 않았던 적도 있었습니다. 사랑하는 여러분, 이처럼 흔들리는 존재, 그의 이름이 인간입니다. 흔들리고 요동하는 것이 인간이요 흔들리고 요동하기 때문에 인간입니다.

하늘을 찌를 듯이 믿음이 좋다가도, 다음 순간 바닥에 주저앉아버리는 존재가 인간입니다. 인간에게는 기복이 있고 한계가 있지요. 아브라함도 예외가 아닙니다.

서두에 저는 기원전 8세기의 언약문을 소개해드렸습니다. "만약 여기 적힌 약속들 중 어느 하나라도 어겼을 경우에는, 이 염소의 머리가 잘려진 것처럼 그들의 머리도 잘려질 것이다."

아브라함이 하나님 앞에서 제물 사이를 걸어갔다고 가정해봅시다. 그러면 하나님께 100% 신실해야 합니다. 하나님의 말씀에 대해 추호도 의심해선 안 되지요. 제물 사이를 걸어갔다면 그가 첩을 통해서 아들을 낳는 순간, 제물처럼 심판을 받아서 쪼개져야 합니다. 아브라함은 하나님과 계약을 맺을 능력도 안 되고 수준도 안 됩니다.

그래서 인간의 한계를 아시는 하나님은 특이한 형태로 계약을 맺으셨습니다. 아브라함을 잠들게 하시고 혼자서 지나가셨지요. 무슨 뜻일까요? "네가 나와의 약속을 지키지 못해도, 네가 나에게 신실하지 못해도, 때때로 네가 나에게 순종할 수 없어도, 그래도 나는 너와의 약속을 지킬 것이고, 그래도 나는 너에게 신실할 것이고, 그래도 나는 너를 사랑하고 축복하겠다."

이것이 절대의 언약입니다. 아브람이 어떤 가에 상관없이, 절대적으로 사랑하고 절대적으로 축복하실 것을 하나님은 쪼개진 제물 사이, 유혈이 낭자한 틈을 활활 타오르는 횃불이 통과하는 강렬한 상징을 통해서 약속하셨습니다. 이 계약 혹은 약속을 18절은 "언약"이라고 표현합니다.

언약은 하나님과 인간의 약속입니다. 절대자이시며 변치 않으시는 하나님이 일방적으로 맺으신 약속이기에 절대로 깨어질 수 없는 약속입니다. 이 언약의 내용을 한마디로 표현하면 "은혜"입니다. 아브라함의 언약은 은혜의 언약입니다. 아브라함의 실수와 불순종과 죄악에도 불구하고 하나님은 한결같이 그를 사랑하셨고 축복하셨습니다. 사랑받을 자격이 없는 죄인을 향한 하나님 아버지의 불가사의한 사랑, 그것이 은혜입니다.

여러분, 이 사건을 찬찬히 살펴봅시다. 하늘에 계신 하나님이 땅에 있는 인간과 언약을 맺으셨습니다. 언약을 맺기 위하여 하나님을 상징하는 횃불이 땅으로 내려왔습니다. 그 언약을 표현하는 의식이 제물의 몸을 쪼개고 피를 흘리는 것입니다. 언약의 내용은 인간의 죄와 상관없이 무조건 사랑하시고 축복하신다는 은혜입니다.

무언가 비슷한 일이 생각나지 않으시나요? 하늘 보좌에 앉아계시던 예수님이 사람의 몸을 입고 이 땅에 내려오셨습니다. 그분이 친히 제물이 되셔서 십자가에 달려 몸을 깨뜨리시고 피를 쏟으셨습니다. 십자가로 말미암아 우리 모두가 용서받을 수 있는 길이 열렸습니다.

우리가 죄 용서받고 하나님의 자녀가 되는 것은 우리의 공로와 행위로가 아닙니다. 아브라함이 한 일은 아무것도 없습니다. 그저 가만히 있다가 잠들어버렸지요. 그런데 하나님 홀로 타오르는 불길로 지나가셨습니다.

마찬가지로 내 죄의 문제를 해결하기 위해서 내가 한 것은 아무것도 없습니다. 그런데 예수님이 나를 대신해서 내 죄의 값을 치르셨습니다. 나를 구원하시고 영원한 생명을 선물로 주셨습니다. 이것은 절대적인 사랑이요 절대적인 은혜입니다.

오늘 설교의 제목은 "중보자의 사랑" 입니다. **첫째로 중보자가 받은 사랑은 절대의 은혜입니다.** 여러분 이 진리를 가슴에 새기셔야 합니다. 중보자는 기도하는 사람입니다. 그러나 참된 중보자는 기도로 시작하지 않습니다. 중보자의 출발은 은혜입니다.

먼저 하나님이 나를 사랑하셨기에, 우리는 기도합니다. 하나님이 나를 절대적인 존재요 가치 있는 존재요 반드시 있어야 하는 소중한 존재로 사랑해주셨기에, 그 은혜가 너무 감사해서 우리는 기도합니다.

절대 은혜를 입은 사람으로 절대의 기쁨을 누리며 절대의 감사를 드리며 우리는 절대적인 기도를 바칩니다. 하나님이 정말 말도 안 되게 나를 사랑해주셨기에, 우리는 세상 사람 보기에 이해도 안 되고 말도 안 되게 금식하고 철야하면서 기도합니다.

은혜가 없으면 기도가 추해집니다. 기도가 추해지면 영혼이 타락합니다. "내가 이만큼 기도하는 사람이야, 기도를 많이 하니까 나는 참 영적인 사람이야…." 바리새인들이 그러다가 망했습니다. 누구보다 기도를 많이 했던 바리새인들이 앞장서서 예수를 십자가에 못 박았습니다.

사랑하는 여러분, 바리새인들의 실패를 중보자들은 무섭게 기억해야 합니다. 우리의 기도가 행위와 공로와 자랑이 아니라, 오직 은혜의 샘에서 솟아나기를 주님의 이름으로 축원합니다.

첫째로 중보자가 받은 사랑이 절대의 은혜라면, 둘째로 중보자가 베풀어야할 사랑은 절대적인 기도입니다.

창세기 18장은 하나님과 아브람의 대화를 보여줍니다. 대화의 내용은 한마디로 "감격"입니다. 하나님이 아브라함에게 아들을 주신다고 약속하셨습니다. 그 말씀 붙잡고 조상 대대로 살아온 정든 고향을 등졌지요.

산전수전 공중전 다 겪으면서 파란만장한 나그네 세월을 보냈습니다. 그 시간이 벌써 25년입니다. 사반세기가 지나가도록 그토록 기다렸던 아들은 태어나지 않았습니다. 그런데 25년 만에 하나님이 확정적으로 말씀하셨습니다.

창세기 18장 10절입니다. "그가 이르시되 내년 이맘때 내가 반드시 네게로 돌아오리니 네 아내 사라에게 아들이 있으리라 하시니 사라가 그 뒤 장막 문에서 들었더라."

한번만 들어도 너무 좋아서 기절할 말씀을 두 번씩 반복하셨습니다. **창세기 18장 14절**입니다. "여호와께 능하지 못한 일이 있겠느냐 기한이 이를 때에 내가 네게로 돌아오리니 사라에게 아들이 있으리라."

일평생 눈이 빠지도록 기다렸던 소식이 이제야 도착했습니다. 일생을 소망했던 꿈이 이제 눈앞에서 실현되려고 합니다. 여러분이 이런 상황이라면 어떻게 하시겠어요? 눈이 휘둥그레지고 가슴이 덜컹덜컹 뛰고 이게 꿈인가 생신가 싶어서 꼬집어 보겠지요.
꼬집어서 아프면 꿈은 아닌 것이 분명하니, 울고불고 춤을 출 것입니다. 소를 잡고 양을 잡아 잔치를 벌이고 기뻐할 것입니다. 기쁜 소식을 들려주신 다음에 하나님이 아브라함에게 한 가지를 더 말씀하셨습니다.

창세기 18장 17절입니다. "여호와께서 이르시되 내가 하려는 것을 아브라함에게 숨기겠느냐."

이 말씀은 하나님과 아브라함이 얼마나 가까웠는지를 보여줍니다. 비밀은 절친하고만 나눕니다. 중요한 사실은 정말 아끼고 신뢰하고 사랑하는 사람에게만 털어놓습니다. 하나님이 지금 그 얘기를 하십니다.

세상 사람들은 알지도 못하고 예상치도 못할 엄청난 일을 하나님이 하려고 하십니다. 아무도 눈치채지 못한 비밀이지만, 내가 사랑하는 아브라함, 나를 사랑하는 아브라함에게는 숨길 수가 없지 않느냐고 하나님은 말씀하십니다.

하나님이 아무도 모르는 역사의 비밀을 나에게만 알려주셨다면, 어떻게 하시겠어요? "성은이 망극하나이다…."하고 엎드려 절을 해야 합니다. 인류의 비밀을 나에게 알려주시니, 그렇게 중요한 정보를 알아도 될 만큼 중요한 인물로 나를 대우해주시니, 몸 둘 바를 모르겠다고 감격해야 합니다. 그런데 아브라함이 특이한 행동을 합니다.

창세기 18장 22절 하반절입니다. "아브라함은 여호와 앞에 그대로 섰더니"

새번역 성경을 보면 이 구절에 대한 각주가 달려있습니다. "고대 히브리의 서기관 전통에서는 주님께서 아브라함 앞에 그대로 서 계셨다." 이게 본래의 문장이라는 뜻이지요. 본래의 문장은 "하나님이 아브라함 앞에 서셨다"인데, 순서를 바꾸어서 "아브라함이 하나님 앞에 섰다"로 번역했다는 말입니다.

하나님이 아브라함 앞에 섰다는 말과 아브라함이 하나님 앞에 섰다는 말은 무슨 차이가 있을까요? 예를 들어봅시다. 학교에서 선생님이 아이에게 말합니다. "아무개야, 앞으로 나와라." 그러면 아이가 나와서 선생님 앞에 서게 됩니다. 아이가 선생님 앞에 섭니다. 낮은 자가 높은 자 앞에 섭니다.

  마찬가지로 주님께서 아브라함 앞에 서 계셨다는 것이 본래의 문장입니다. 대단히 불경스런 표현입니다. 마치 아브라함이 하나님을 불러내서 앞에 세운 것 같습니다. 하나님은 서지 않고 가려고 했습니다. 그런데 아브라함이 길을 막아섰습니다.
  결국 하나님이 꼼짝없이 아브라함 앞에 서게 되었습니다. 이런 내용에 불경스러운 느낌이 있어서 아브라함이 하나님 앞에 섰다는 표현으로 바꾼 것이지요.
  사랑하는 여러분, 아브라함은 왜 하나님의 길을 막았을까요? 평생을 기다린 아들이 내년이면 태어난다는데, 어서 달려가 소를 잡고 잔치를 벌이지 않고 왜 감히 하나님과 맞섰을까요? 하나님이 그에게 알려주신 비밀이 "심판"이었기 때문입니다.

  창세기 18장 20절과 21절입니다. "여호와께서 또 이르시되 소돔과 고모라에 대한 부르짖음이 크고 그 죄악이 심히 무거우니
  내가 이제 내려가서 그 모든 행한 것이 과연 내게 들린 부르짖음과 같은지 그렇지 않은지 내가 보고 알려 하노라."

  지금 시리아에서 내전이 벌어지고 있습니다. 12만 명이 넘게 죽었습니다. 여러분, 그것 때문에 가슴 아프셨나요? 시리아에서 총탄이 빗발치는 그 순간에 여러분에게는 정반대로 대박이 났다고 가정해봅시다. 갑자기 몇 계단을 뛰어올라 승진이 되었습니다. 하늘에서 돈벼락이 떨어졌습니다. 마음에 품었던 사람에게 청혼을 받았습니다.
  그러면 승진보다도 돈벼락보다도 청혼보다도 시리아 사람들 때문에

마음이 아플까요? 나에게 그처럼 좋은 일이 일어났는데, '하나님 어떻게 그러실 수 있습니까', 따질 사람이 여기 계십니까? 시리아에선 전쟁이 나건 사람이 죽건 상관없이, 나에게 대박이 나면 먼저 사람들에게 문자를 돌릴 것입니다. 기뻐서 춤을 추며 파티를 열 것입니다.

아브라함이 얘기하는 대상은 시리아가 아닙니다. 시리아에서 착한 사람들도 죽었을 거라고 생각하면 가슴이 아프지요. 하지만 소돔과 고모라는 악당들만 모인 곳입니다. 천벌을 받아 마땅한 놈들입니다.
그런 놈들에게 하나님이 곧바로 심판하신 것도 아닙니다. 하나님의 심판은 만화 주인공 캔디의 주제가처럼 임합니다. 괴로워도 슬퍼도 하나님은 참고 참고 또 참으십니다. 더 이상 견딜 수 없을 만큼 죄가 가득 찼을 때야 비로소 심판을 내리십니다.
그 지경이 되도록 죄가 커져서 마침내 심판을 받는다면, 속이 후련한 일이지요. 복을 받을 사람은 복을 받고 심판 받을 놈은 심판 받는 것이 정의입니다. 정의를 따라 나는 복을 받게 되었으니, 감사하고 기쁜 일입니다. 역시 정의를 따라 소돔과 고모라가 심판을 받게 되었으니, 그 또한 속이 후련하고 감사하고 당연한 일입니다.

그런데 아브라함에게는 감사한 일이 감사하지 않았습니다. 당연한 일이 당연하지 않았습니다. 아무리 죄인들이라도 누군가 심판을 받아 죽어야하는 현실이 그에겐 견딜 수 없었습니다. 나에게 주신 축복의 달콤함보다도 죄인들이 받아야하는 심판의 쓰라림이 더 크게 느껴집니다.
내 평생소원이 이루어진 감격보다도, 불에 타서 없어져 버릴 악인들의 비참한 운명에 대한 연민이 더욱 크게 마음을 사로잡습니다. 아브라함의 가슴에는 같은 인간으로서 동료 인간의 고통을 보고 외면하지 못하는 순수한 사랑이 깃들어 있었습니다.

그래서 아브라함은 하나님의 길을 막아섰습니다. 참으로 겸손한 태도로 하나님께 말씀을 드립니다.

창세기 18장 27절을 보겠습니다. "아브라함이 대답하여 이르되 나는 티끌이나 재와 같사오나 감히 주께 아뢰나이다."

여기에 쓰인 티끌이라는 단어가 히브리어 "아파르"입니다. 창세기 2장에 보면 하나님이 흙으로 사람을 창조하십니다. 정확하게 표현하면 흙의 먼지, 혹은 티끌로 창조하셨습니다. 거기에 쓰인 단어도 아파르입니다. 인간은 아파르, 흙의 먼지, 티끌로부터 창조된 존재입니다. 그래서 믿음의 조상들이 높으신 하나님 앞에서 자신을 낮추는 겸양의 표시로 아파르, 나는 티끌이라고 고백했습니다.

그런데 아브라함은 한 걸음 더 나아갑니다. "티끌과 재와 같은 나" 티끌이라는 말에다 재를 더 추가했습니다. 더 이상 겸손할 수 없는 지극히 겸손한 표현입니다. 그런데 말하는 태도는 더할 수 없는 겸손인데, 말하는 내용은 참으로 담대합니다. "이대로 가시면 안 됩니다. 그들이 아무리 악하더라도 이대로 심판하시면 안 됩니다. 세상을 통치하시는 하나님이 공정하셔야 하지 않겠습니까?"

그는 감히 하나님께 따집니다. 소돔과 고모라를 살리기 위해서 하나님과 논쟁을 시작합니다.

"의인이 50명이 있다면 살려야 하지 않겠습니까? 50명에서 다섯 명 모자라면 그깟 다섯 명 때문에 도시 전체를 멸하셔야 되겠습니까? 삼십 명이면 어떻게 하실 겁니까? 이십 명이면 어떻게 하시겠습니까?"

창세기 18장의 논쟁을 읽어보면 아브라함은 간이 크다 못해 배 밖으로 나온 사람입니다. 아예 뱃속이 전부 간입니다. 감히 하나님께 숫자를 들이대면서 말을 이어갑니다. 하나님이 사랑이시라면 그럴 수는 없는 거 아니냐고, 웬만하면 살려야 하지 않겠느냐고 하나님을 코너로 몰아서 결국 약속을 받아냅니다.

창세기 18장 32절입니다. "내가 십 명으로 말미암아 멸하지 아니하리라."

여기에서 열 명이라는 의미를 잘 이해해야 합니다. 우리는 인간을 개인 단위로 생각합니다. 그러나 개인주의는 19세기가 지나서야 등장한 개념이지요. 본문이 기록될 당시는, 우리가 상상하기 어려울 정도로 공동체가 강조되었습니다. 한 인간을 이해할 때 개인으로가 아니라 공동체적인 개념으로 이해했던 시절입니다.

그 시대의 배경으로 보면, 열 명은 공동체의 최소 단위입니다. 반상회를 하든 조기 축구팀을 조직하든 사업장을 만들든, 열 명이면 공동체가 성립됩니다. 열 명 이하는 사람이 모인 공동체가 아니라 뿔뿔이 흩어진 개인으로 간주됩니다.

따라서 이 말씀은 아브라함이 하나님께 최대한의 약속을 받아냈다는 의미입니다. 가장 작은 단위인 열 명만이라도 의인이 있으면, 심판하지 않겠다는 하나님의 확증입니다.

비유하자면 몸 전체가 썩었습니다. 손가락 하나만 온전합니다. 누가 봐도 죽을 수밖에 없는 사람입니다. 그런데도 하나님께 손가락 하나가 온전한데, 그냥 죽으면 아깝지 않느냐고, 손가락 하나보고 몸 전체를 고쳐달라고 요청한 것과 같습니다.

공동체를 이루는 최소 단위인 열 명만이라도 의인이 있으면, 소돔과 고모라 두 도시 왕국 전체를 살려달라고 아브라함은 요청했습니다. 그리고 하나님은 승낙하셨습니다.

인간으로서 감히 하나님의 길을 막아섰습니다. 아브라함, 참 대단합니다. 그와는 비교도 할 수 없게 대단하신 분이 하나님이십니다. 일개 피조물인 인간이 길을 막아선다고 만물의 창조주이신 그분이 막히셨습니다.

티끌과 재에 불과한 인간이 동료 인간을 살리기 위하여 질문하고 논쟁할 때, 전능하신 하나님이 양보하시고 답변하시고 약속하셨습니다. 사람 앞에 서시고 사람에 의해서 막히고 사람을 위해서 묶이시는 하나님, 우리가 믿는 하나님은 이토록 사람을 사랑하십니다.

아브라함을 보고, 하나님의 발걸음도 차마 떨어지지 않았을 것이라고 저는 생각합니다. "내가 상상도 못할 큰 축복을 내렸는데도, 그 축복을 기뻐하기보다 죄인들이 심판받는 것을 더욱 가슴 아파하는 의인이 여기에 있구나, 소돔과 고모라에 투자한 것도 아니고 그곳에 이해관계가 얽혀있는 것도 아니고, 특별히 관심을 가지거나 정을 붙인 도시도 아니지만, 아무 이유 없이, 조건 없이, 순수하게 사람을 사랑하고 사람을 살려보려고 애를 쓰는 의인이 여기에 있구나." 그 의인을 두고 하나님도 차마 가실 수가 없어서 아브라함 앞에 서셨습니다.

성경이 이렇게 멋있습니다. 성경은 세상에서 찾을 수 없는 명장면으로 가득 차 있습니다. 위대한 인간 앞에 전능하신 하나님이 서 계신 이 장면은 중보자의 일생을 그림처럼 보여줍니다. 사랑하는 여러분, 창세기 18장을 가슴에 새기시기 바랍니다. 이것이 중보자가 베풀어야

할 사랑입니다.

이 땅의 누군가가 고통당할 때, 멸망과 심판과 지옥을 향하여 생각 없는 짐승처럼 달려갈 때, 하나님의 진노가 도시를 불태우기 위해 타오르고 있을 때, 그 길을 막아서고 기도로 대화하며 기도로 논쟁하고 마침내 기도로 살려내는 사람, 바로 그가 중보자입니다.

이 위대한 중보의 사명을 품고 우리는 다시 한 번 기도를 시작합니다. 이번 집회를 통해서 얼어 죽고 맞아 죽고 굶어 죽는 북한 동포들을 향해서 찢어지는 하나님의 마음이 나누어질 것입니다. 이슬람과 이스라엘과 열방을 향한 가슴 아픈 하나님의 사랑이 나누어질 것입니다.

쾌락에 찌들고 경쟁에 지쳐서 피어나기도 전에 시들어버리는 20대의 영혼들을 향한 하나님의 애타는 마음이 나누어질 것입니다. 태어나기도 전에 잘라지고 부서져서 어른들에게 살해되는 아기들을 향한 하나님의 처절한 마음이 나누어질 것입니다.

태중의 아기들과 이 땅의 젊은이들과 북한과 이스라엘과 이슬람과 열방을 향한 하나님의 마음이 우리의 형제와 자매들에게 충분히 부어지도록 하기 위하여, 기도할 중보자를 하나님은 부르십니다. 그 부르심을 먼저 입는 특권이 저와 여러분에게 금식 집회와 40일 철야라는 선물이 주어졌습니다.

사랑하는 여러분, 아무런 조건 없이 하나님이 나를 사랑하셨습니다. 그래서 아무런 조건 없이 우리는 사람들을 위하여 기도합니다. 아무런 대가 없이 하나님이 내게 은혜를 베푸셨습니다. 그래서 아무런 대가 없이 우리는 한국과 열방을 위하여 기도합니다.

저와 여러분의 기도가 상처받은 한반도를 치유하고 고통당하는 민족과 열방을 회복하는 중보자의 사랑으로 하나님께 드려지기를, 주님의 이름으로 축원합니다.

◀ 메이지 유신의 풍운아,
　사카모토 료마

◀ 젊은이들을 사로잡았던
　요시타 쇼인의 명언(名言)

"하늘 높이 솟아올라서 세상의 모든 소리를 들으면서 큰 눈을 떠야한다."
"사나이는 시를 잘 쓰는 것이 아니라, 자신의 인생을 한편의 시로 만들어야 한다."
"죽어서 불멸의 존재가 되려면 때와 장소를 가리지 말고 행동하라, 나라를 위해 큰 일을 이루려면 오래도록 살아남아라."

우리의 역사는 이제부터 시작이다

주인이 이 옳지 않은 청지기가 일을 지혜 있게 하였으므로 칭찬하였으니
이 세대의 아들들이 자기 시대에 있어서는 빛의 아들들보다 더 지혜로움이니라
내가 너희에게 말하노니 불의의 재물로 친구를 사귀라
그리하면 그 재물이 없어질 때에 그들이 너희를 영주할 처소로 영접하리라

(누가복음 16:8-9)

생각하면 생각할수록 저에게 영감을 주는 역사적인 사건들이 있습니다. 대표적인 것이 일본의 메이지 유신입니다. 그 당시 동양 삼국(三國)이 똑같이 서양의 위협을 받았습니다. 중국은 이리저리 뜯어 먹히는 반(半)식민지가 되었습니다. 조선은 아예 나라가 망해 없어졌지요.

일본은 중국이나 조선보다 더 위험한 상태였습니다. 실제로 멸망 일보 직전까지 갔습니다. 하지만 위기를 극복하고 오히려 눈부시게 발전했습니다. 강해진 일본이 우리를 침략했으니, 분명히 비극입니다. 일본의 악은 규탄해야하지만, 그럼에도 선진국을 세운 장점은 배워야 합니다. 일본의 선진화를 이룬 일대 전환적 사건이 바로 메이지 유신

입니다. 메이지 유신의 주인공들을 소개하고자 합니다.

1853년, 거대한 군함 네 척이 도쿄 앞바다에 나타났습니다. 듣지도 못하고 보지도 못한 어마어마한 크기의 최신식 군함이 불을 뿜는데, 일본 사람들의 눈에는 괴물처럼 보였습니다. 이때 일본인들이 받은 충격을 가리켜서 "흑선(黑船) 공포"라고 부릅니다. 그 군함들이 검은색이었기에, 흑선 공포라고 표현한 것이지요.

일본 열도를 경악으로 몰아넣은 흑선은 미국이 보냈습니다. 함대의 사령관 페리 제독은 미국 대통령의 친서를 전달하며 일본의 개항을 요구했습니다. 이때부터 일본에서는 서양 오랑캐를 무찌르자는 양이(洋夷) 운동이 일어납니다. 서양 오랑캐들이 상륙하기만 하면, 모조리 칼로 베어버리겠다는 것이 사무라이들의 결심이었습니다.

그런데 무사들이 결전을 준비하던 그 시각에, 홀로 손바닥만 한 배를 타고 흑선으로 접근한 사나이가 있었습니다. 당대 최고의 천재로 불렸던 요시타 쇼인입니다. 요시타 쇼인이 얼마나 똑똑했는가 하면, 불과 열 한 살의 어린 나이에 장군들을 모아놓고 병법(兵法)을 강의했습니다. 정말 대단한 사람입니다.

이 천재는 생각이 달랐습니다. 서양에서 배 몇 척 보냈다고 나라 전체가 소란해지는 일본이 한심하다고 생각했습니다. 그는 서양을 무찌르려면, 먼저 서양에게 배워야 한다고 생각했습니다. 그래서 조그마한 일본 배를 타고 거대한 미국 전함으로 다가갑니다. 그리고 선진 문물을 배울 수 있도록, 자신을 미국으로 보내달라고 요청했습니다. 이때 요시타 쇼인의 나이가 25세였습니다.

페리 제독은 요시타 쇼인의 요청을 거절했습니다. 일본 정부의 허락도 받지 않은 청년을 불법적으로 밀항시켜줄 수는 없었기 때문이지요. 하지만 밀항을 해서라도 배우고 싶어 하는 요시타 쇼인에게 깊은 감명을 받았습니다.

페리 제독은 그날의 일기에 이렇게 썼습니다. "일본인들은 새로운 것을 배우려는 열망으로 가득 차 있다. 그 열망으로 인해서 낙후되고 뒤떨어진 일본에 새로운 세상이 열릴 수도 있다."

페리 제독의 말은 반은 맞았고 반은 틀렸습니다. 그 당시 일본인들이 모두 배우려는 열망을 가졌던 것은 아닙니다. 하지만 소수의 배우려는 선각자들이 있었기에, 일본은 눈부시게 발전할 수 있었습니다.
그 시대에 일본은 삼백 개가 넘는 제후국으로 나누어져 있었습니다. 각 지역을 다스리는 제후들의 허락을 받지 않고 다른 지역으로 여행을 하면 중죄인이 됩니다. 다른 지역으로 갔다는 이유만으로 처형당하기도 했습니다.
요시타 쇼인은 다른 지역으로 갔을 뿐만 아니라, 서양 오랑캐를 만나고 왔습니다. 그러니 감옥에 갇히는 것은 당연합니다. 법대로 하면 감옥에서 최소한 몇 년은 썩어야 합니다. 하지만 워낙 유명한 천재여서 특혜를 받고 1년 2개월 만에 석방됩니다. 감옥 생활 1년 2개월 동안, 요시타 쇼인이 무려 620권의 책을 읽습니다.

감옥에서 나온 쇼인은 낡은 집 한 채를 마련해서 학교를 시작합니다. 말이 좋아서 학교이지, 교실이 딱 하나입니다. 하나 있는 교실의 크기가 우리 평수로 따지면 4평입니다. 4평밖에 안 되는 작은 교실에서 19살에서 24살까지의 젊은이 13명이 공부했습니다. 그 학교가 일본과 세계의 역사를 바꾼 쇼카 손주쿠이지요.

요시타 쇼인이 쇼카 손주쿠에서 혁명적인 내용을 가르칩니다. 삼백 개가 넘는 제후국들을 모두 없애버리고 일본이라는 통일된 국가를 세워야 한다고 외칩니다. 통일된 일본은 과감하게 문호를 개방해서 발달된 서양 문물을 받아들여야 한다고 강조합니다.

젊은이들을 사로잡았던 요시타 쇼인의 명언을 소개합니다. "하늘 높이 솟아올라서 세상의 모든 소리를 들으면서 큰 눈을 떠야한다."

"사나이는 시를 잘 쓰는 것이 아니라, 자신의 인생을 한편의 시로 만들어야 한다."

"죽어서 불멸의 존재가 되려면 때와 장소를 가리지 말고 행동하라, 나라를 위해 큰일을 이루려면 오래도록 살아남아라."

혁명을 꿈꾸던 요시타 쇼인은 시대의 풍운에 휘말려서 서른 살의 젊은 나이로 처형당합니다. 그가 쇼카 손주쿠에서 가르친 기간은 불과 2년 3개월입니다. 그런데 2년 3개월 동안 길러낸 제자 13명이 모두 애국자가 되고 영웅이 됩니다.

그들은 모두 요시타 쇼인의 가르침 그대로 살아갔습니다. 13명 중에서 4명은 혁명에 뛰어들어서 젊은 나이에 죽습니다. 죽어서 불멸의 존재가 되려면, 때와 장소를 가리지 말라는 스승의 가르침대로 된 것이지요.

나머지 9명은 오래 살아남아서 메이지 유신을 성공시키고 일본을 발전시킵니다. 9명 중에서 3명이 최고 지도자인 총리가 되고 6명이 장관이 됩니다. 총리가 된 사람 중 하나의 초상화가 일본의 만 엔짜리 지폐에 인쇄되어 있습니다. 우리나라 돈 만원에는 세종 대왕 얼굴이 있지요.

조금 과장해서 말하면, 일본에서 거의 세종 대왕 수준의 존경을 받는 인물입니다. 그가 메이지 유신의 주역이 되고 헌법을 만들고 나라를 강대국으로 발전시켰습니다. 그의 이름을 여러분이 다 알고 계십니다. 안중근(安重根) 의사의 총에 맞아죽은 이토 히로부미이지요. 우리에게는 철천지원수이고 일본에서는 영웅인 이토 히로부미가 요시타쇼인의 제자였습니다.

메이지 유신의 또 다른 주인공이 사카모토 료마입니다. 일본인들을 대상으로 가장 존경하는 인물을 조사하면 부동의 1위를 차지하는 인물이지요. 1960년대에 쓰인 역사소설 〈료마가 간다〉는 무려 1억 권이 넘게 팔렸습니다.

사카모토 료마는 1860년대 명성을 떨쳤던 최고의 사무라이였습니다. 그는 당시 무사들의 가치관을 따라서 양이 사상을 가졌습니다. 서양 오랑캐를 무찌르고 일본을 지켜야한다는 생각입니다. 양이론자들이 제일 증오했던 인물이 가쓰 가이슈였습니다.

가쓰 가이슈는 서양의 앞잡이로 낙인이 찍혀 있었지요. 이런 간사한 자를 처단하기 위해서 사카모토 료마가 자객이 되었습니다.

료마가 칼을 들고 한밤중에 가쓰 가이슈에게 갔습니다. 그런데 가쓰 가이슈가 보통 사람이 아닙니다. 자신을 죽이려고 칼을 들고 찾아온 당대 최고의 무사를 조금도 무서워하지 않습니다. 오히려 웃으면서 말했습니다.

"요즘 나를 죽이려는 멍청이들이 참 많지. 그런데 날 죽이기 전에 내 말을 좀 들어보게." 가쓰 가이슈가 지구본을 보여주면서 말을 합니다. "세계가 어쩌구 어저꾸하는데, 세계의 대부분은 바다야. 이 바다에서 금이 쏟아져 나오네."

지금 목숨이 왔다 갔다 하는 판입니다. 살기등등한 자객의 앞에서, 뚱딴지 같이 바다 이야기를 하고 금 이야기를 합니다. 가쓰 가이슈는 작은 섬나라였던 영국이 바다로 진출해서 세상의 금은보화를 차지한 이야기를 들려줍니다.

바다에서 금을 얻어서 해가 지지 않는 대제국을 건설한 역사를 사카모토 료마에게 들려줍니다. 그리고 같은 섬나라인 일본도 바다로 진출해서 무역을 해야만 먹고 살 수 있다고 설득합니다. 그러려면 최신식 배를 이백 척 만들어야 하고 승무원 육만 천 이백 오명이 필요하다고 주장했습니다.

배를 만들려면 먼저 조선소가 있어야 하고, 조선소를 만들려면 제철소가 있어야 합니다. 그것은 모두 서양의 발달된 기술을 받아들여야 가능하다고 설명합니다. 만약 그렇게 하지 않으면 일본은 식민지가 되고 멸망할 수밖에 없다는 것을 가르칩니다.

가쓰 가이슈의 논리를 정리해보면, 먼저 제철소를 만들고 그 다음에 조선소를 만들고 조선소에서 배를 만들어서 수출을 하면 바다에서 금이 쏟아진다는 논리입니다. 한국의 지도자들 가운데 가쓰 가이슈의 주장을 그대로 따라하신 분이 있지요. "한강의 기적"을 이루신 박정희(朴正熙) 대통령입니다. 박정희 대통령은 젊었을 때부터 메이지 유신에 대해서 깊이 연구하셨습니다.

가쓰 가이슈가 얼마나 대단한 사람인가요? 자신을 죽이려고 칼을 들고 온 자객 앞에서 눈 하나 깜짝하지 않았습니다. 오히려 배를 몇 척 만들고 승무원을 몇 명 길러내야 하는지, 수치까지 정확하게 들이대면서 일본의 비전을 제시합니다.

사카모토 료마가 그 용기와 천재성에 깊은 감동을 받습니다. 그 자리에서 칼을 던지고 무릎을 꿇습니다. 그날부터 사카모토 료마는 가쓰 가이슈의 제자가 됩니다. 죽이려고 찾아갔던 원수를 스승으로 모신 것이지요. 가이슈도 대단하고 료마도 대단합니다. 대단한 사나이들의 이야기입니다.

서양을 오랑캐라고만 생각했던 사카모토 료마가 정반대로 가쓰 가이슈로부터 서양의 기술과 사상과 역사를 배웁니다. 그리고 무사였던 그가 기술자요 사상가요 애국자로 변신해갑니다.

료마를 특히 매료시켰던 인물은 미국의 초대 대통령 워싱턴이었습니다. 그는 가는 곳마다 일본인들에게 워싱턴을 가르쳤습니다.

"조지 워싱턴은 과부의 아들로 젊을 때 측량 기사였습니다. 그런데 강대국 미국의 대통령이 되었습니다." 그 말을 듣는 사람들마다 눈이 휘둥그레집니다. 당시의 일본은 철저한 신분 사회였습니다. 제일 높은 계급이 무사인데, 같은 무사 계급 안에도 백 개가 넘는 지위가 있고 차별이 있습니다.

예를 들어서 비가 오는 날, 하급 무사는 나막신을 신지 못하고 짚신을 신어야 합니다. 길을 가다가도 상급 무사를 만나면 짚신을 벗고 흙탕물에 무릎을 꿇고 절을 해야 합니다. 그런데 무사도 아닌 기술자 출신이 대통령이 되었다니, 사람들이 깜짝 놀랍니다.

사카모토 료마는 그 다음에 이렇게 말합니다. "그런데 조지 워싱턴의 아들은 대통령이 아니었습니다." 그 말을 들으면 사람들이 너무 놀라서 거의 쓰러질 지경이 됩니다. 무사의 아들은 무사이고 농민의 아들은 농민이고 천민의 아들은 당연히 천민입니다. 일본인들은 변치 않는 신분제가 지켜야할 법도이고 세상이 돌아가는 원리인 줄 알았습니다.

그런데 대통령의 아들이 대통령이 아니라니, 신분제 사회에 살던 사람들에게는 도무지 이해가 안 됩니다. 세상에 그런 나라가 있다는 것이 믿어지지 않습니다. 대통령의 아들이 왜 대통령이 안 되었느냐고 사람들이 질문합니다.

그때마다 료마가 대답합니다. "미국에서는 국민들이 대통령을 뽑습니다. 마부와 하녀가 쇼군을 뽑습니다. 쇼군은 자신을 뽑아준 마부와 하녀를 위해서 일합니다."

쇼군은 그 당시 일본 최고의 지도자였던 막부의 장군입니다. 쇼군은 거의 신적인 존재였습니다. 마부와 하녀는 인간 취급도 못 받는 천민들입니다. 그런데 마부와 하녀가 쇼군을 뽑습니다. 쇼군이 표를 얻으려고 마부와 하녀에게 잘 보여야 합니다. 이 사실은 일본인들에게 엄청난 충격이었습니다.

사카모토 료마는 초인적인 노력으로 일본인들을 설득합니다. 발달된 서양 문물을 받아들여서 나라를 살려야 한다고 끊임없이 주장합니다. 결국 그는 새로운 세상을 만들기 위한 새로운 세력을 규합하는데 성공합니다. 그들이 "메이지 유신"이라는 혁명을 일으킵니다. 그때부터 일본이 강대국이 되지요.

만약 요시타 쇼인과 사카모토 료마가 없었다면, 그들의 주도한 메이지 유신이 없었다면, 일본은 강대국은커녕 정반대로 식민지가 되었을 것입니다. 실제로 미국 영국 프랑스 네덜란드 4개국 연합 함대가 시모노세키를 공격하기도 했습니다. 러시아가 일본을 위협하기도 했습니다.

그냥 내버려 두면 일본은 망할 수밖에 없었습니다. 그 위기의 순간에 기라성 같은 영웅들이 혜성처럼 나타났습니다. 메이지 유신이라는 혁명으로 나라를 살리고 백성들을 구출했습니다. 그러니 수많은 역사가들이 메이지 유신을 주목할 수밖에 없지요.

생각해 봅시다. 요시타 쇼인이나 사카모토 료마나 별 볼일 없는 신분이었습니다. 하급 무사에 불과했습니다. 하류 인생들이 어떻게 구국(救國)의 영웅이 되었을까요? 일본에 가장 절실했던 문제를 정치인도 아니고 상류층도 아닌, 하급 무사들이 해결할 수 있었던 근본 이유는 무엇일까요?

그 시대에 제일 필요한 인물이 될 수 있었던 이유는 그들에게 제일 필요한 은사가 있었기 때문입니다. 그것은 배움의 은사입니다. 그들은 배워야할 사람에게 배워야할 것을 배울 줄 알았습니다. 서양 오랑캐를 이기기 위해서 먼저 오랑캐에게 머리를 숙이고 배웠습니다.

오랑캐의 앞잡이를 죽이려고 칼을 들고 찾아갔다가도, 그에게서 배워야할 것을 정확하게 배웠습니다. 그 배움이 나라를 살리고 세상을 바꾸었습니다.

누가복음 16장은 대단히 특이한 내용입니다. 정의로우신 예수님이 불의한 청지기의 이야기를 하십니다. 청지기가 주인의 재산을 낭비하다가 쫓겨나게 되었습니다. 당장 생계가 어려워진 청지기가 대책을 세웁니다.

주인에게 빚진 사람들을 불러다 놓고 선심을 쓰는 것이지요. 기름 백 말을 빚진 자에게 오십 말을 깎아줍니다. 밀 백 섬은 팔십 섬으로 줄여줍니다. 이런 식으로 인심을 얻어서 먹고살기 위한 방책을 마련합니다. 정말 불의한 청지기입니다. 그런데 이 비유를 드시면서 예수님은 특이한 결론을 내리십니다.

누가복음 16장 8절입니다. "주인이 이 옳지 않은 청지기가 일을 지혜 있게 하였으므로 칭찬하였으니 이 세대의 아들들이 자기 시대에 있어서는 빛의 아들들보다 더 지혜로움이니라."

불의한 자가 불의를 행했습니다. 그런데 그 불의를 통해서 빚진 자들, 가난한 자들이 도움을 받았습니다. 불의한 방식으로 빚을 줄여서 사람을 도와주었습니다. 자신이 먹고 살기 위해서 머리를 굴렸는데, 그 결과로 사람들이 도움을 입었습니다. 예수님이 그 점을 칭찬하신 것입니다.

계속해서 **누가복음 16장 9절**입니다. "내가 너희에게 말하노니 불의의 재물로 친구를 사귀라 그리하면 그 재물이 없어질 때에 그들이 너희를 영주할 처소로 영접하리라."

예수님은 놀랍게도 불의한 청지기에게 배우라고 하십니다. 여러분, 이렇게 말씀하시는 예수님의 깊은 마음이 느껴지십니까?

예수님은 누구보다 불의를 미워하십니다. 불의한 자들의 입술에서 나오는 비난과 모함을 받으셨습니다. 불의한 손에 의해서 채찍질과 모욕을 당하셨습니다. 마지막에는 불의한 종교와 권력에 의해서 십자가에 못 박히셨습니다.

그런데 불의라면 치가 떨리실 예수님이 오히려 불의한 청지기에게 배우라고 하십니다. 불의한 자가 불의를 통해서라도 어려운 사람을 도와주는데, 의롭다는 하나님의 백성이 어려운 사람들을 본체만체한다면, 불의한 자만도 못합니다. 이 세상의 자녀들이 불의한 재물을 도구로 활용해서 사람을 사귀는데, 빛의 자녀들이 사람을 이용해가면서 재물을 쌓아올린다면, 세상만도 못합니다.

사랑하는 여러분, 예수님은 우리를 위해서 십자가에서 죽으셨습니다. 목숨을 버리면서까지 살려주셨는데, 그렇게 살아난 사람들이 불의한 자들만도 못하다면, 예수님이 얼마나 안타깝고 슬프고 화가 나고 억장이 무너지실까요? 불의한 자를 보고라도 제발 좀 배우라고 말씀하시는 예수님의 깊은 뜻이 여기에 있습니다.

누가복음에는 충격적인 내용이 많습니다. 또 하나를 소개하면 열 문둥이 이야기입니다. 세상에서 제일 무섭고 끔찍한 병에 걸린 열 사람 가운데 아홉이 유대인이고 하나가 사마리아인이었습니다. 간단하게 말해서 유대인은 정통이고 사마리아인은 이단입니다.

그런데 치료받은 열 문둥이 가운데 예수님께 와서 감사하다고 말씀드린 사람은 사마리아인뿐이었습니다. 누가복음이 그 사실을 그대로 기록합니다. 정통 기독교인이면서 감사할 줄 모르면, 감사할 줄 아는 이단자에게 배워야 합니다. 아무리 이단자라도 그에게서 배울 점이 있다면 배우라는 메시지입니다.

그러면 우리는 여기에서 한 가지 질문을 던질 수 있습니다. 기왕 배우라고 하실 거면 배울 만한 사람의 예를 드시지, 왜 이상한 사람들을 내세우셨을까요? "의로운 청지기에게 배우라.", "정통 유대교 출신 문둥이가 감사했다." 이런 식으로 말씀하셨다면 얼마나 이해하기가 쉽겠어요? 불의한 청지기, 사마리아인 문둥이에게 배우라고 하시니, 듣는 사람들이 기분이 나빠지지 않습니까?

사랑하는 여러분, 여기에 인간 본성에 대한 깊은 통찰이 있습니다. 우리의 눈은 자동적으로 확대와 축소의 기능을 수행합니다. 남에게 있는 작은 티끌도 확대해서 봅니다. 반대로 나에게 있는 커다란 대들보도 축소해서 봅니다. 본능적으로 내가 잘났고 내가 정상이고 내가 기준입니다. 나에 대해서는 장점을 보고, 남에 대해서는 단점을 봅니다.

그래서 우리는 좀처럼 배우려고 하지 않습니다. 열 가지 장점이 있어도 한 가지 단점이 있으면, 저 사람은 문제가 많고 내가 훨씬 낫다고 생각하고 싶어 합니다. 우리 눈에 의로워 보이고 배울만하게 보이는 사람은 많지 않습니다.

그래서 예수님은 지극히 현실적인 말씀을 하셨습니다. 먼저 배울만한 사람을 찾고, 그다음에 배우려고 하면 절대로 못 배웁니다. 내가 보기에 배울만한 사람에게 배우려고 한다면, 죽을 때까지 배우지 못합니다.

배움이 가능하려면, 불의한 자에게라도 배울 것은 배워야 한다는 겸손한 마음이 있어야 합니다. 백 가지 불의한 점이 있어도 한 가지 잘하는 점이 있다면, 그걸 보고 배우겠다는 결단이 있어야 합니다. 불의한 자에게라도 배운다는 마음이 없으면, 아무리 의로운 사람 옆에 세워놓아도 절대로 배우지 못합니다.

이 말씀은 한국의 애국 세력에게 정말로 필요합니다. 대한민국 세력이 반체제 인사들에게 배워야 합니다. 애국자들이 주체사상파에게 배워야 합니다. 무엇을 배워야할까요? 사람 키우는 법을 배워야 합니다. 사람에게 베푸는 법을 배워야 합니다.

애국 운동을 하는 사람들이 모이면 공통적으로 하소연을 합니다.

우리 편은 너무 인색하다는 말입니다. 나라 위해 일하는 젊은이들이 선배들을 만나면, 젊은 사람들이 밥을 사는 경우가 많습니다. 나라가 어떻게 돌아가는지, 역사 교육이 무엇이 잘못되었는지 열심히 설명해 드리면 참 좋아하십니다. 그런데 밥 한 번 제대로 안 사줍니다.

애국 기자들에게 제가 질문했습니다. 글 잘 쓰고 강의 잘하는 애국 기자들이 더 많아야 하는데, 왜 이렇게 없느냐고 하면, 대답이 똑같습니다. 애국 기자로 활동 해봐야 먹고 살기 어렵기 때문에 도저히 할 수가 없다고 합니다. 애국 세력의 선배들이 일은 엄청나게 시키고 돌보아주지는 않는다고 말합니다.

애국 세력이 사람을 키우지 않는다면, 공산주의자들과 주체사상파는 열심히 사람을 키웠습니다. 그들이 한국 사회를 장악하여 무서운 영향력을 발휘하고 있습니다. 역사란, 결국 사람을 키우는 싸움입니다.

과거에 실업계 고등학교를 나온 학생 하나가 꽤 똑똑했습니다. 글도 잘 쓰고 언변에도 소질이 있었습니다. 그러자 좋은 대학 나온 운동권들이 이 학생 하나에게 달라붙었습니다. 명문대 출신들이 과외비도 안 받고 몇 년 동안을 가르쳤습니다.

좋은 학교 나온 부르주아가 아니라, 실업계 고등학교 나온 프롤레타리아 출신이 얼마든지 지식인이 될 수 있다는 것을 보여주려고 열심히 가르쳤습니다. 그렇게 해서 만들어낸 작품이 위대한 노동자 시인 박노해입니다. 박노해를 길러낸 노동 운동의 대부가 김문수(金文洙) 전 경기도 지사입니다.

김문수 전 지사께서 저에게 그 말씀을 하셨습니다. "목사님, 젊은 이들을 모아서 공부를 시켜야 합니다. 사람을 길러야 합니다. 우리가

10년 좌파 교육했더니 세상이 뒤집어졌습니다. 다시 10년 재교육을 하면 또 한 번 세상을 뒤집을 수 있습니다."

대한민국을 정상화하기 위하여, 남아있는 시간이 길지 않습니다. 가진 것 나누어주고 배워야할 것 제대로 배우고 무엇보다 사람을 길러내야 합니다. 종북 세력들이 어떻게 역사를 왜곡했는지, 우리 젊은이들이 어떻게 잘못된 교육을 받았는지, 배워야 합니다. 그들을 어떻게 돌아오게 할 수 있을지 배워야 합니다.

시간이 날 때마다 열심히 성경도 읽고 책도 읽고 기도하면서, 이 시대에 하나님이 무엇을 원하시는 지 배워야 합니다. 내가 먼저 배우고, 배운 것을 나누어주어야 합니다. 지갑을 열어서 밥도 사주고 격려도 해주면서 젊은 애국자들을 길러야 합니다.

저는 오늘의 설교에서 메이지 유신을 길게 소개했습니다. 메이지 유신의 주역들이 가슴에 새긴 구호가 있습니다. "우리의 역사는 이제부터 시작이다!" 배울 줄 아는 젊은이들이 멸망의 위기에 처한 조국을 바라보며 절망하지 않고 외쳤습니다. "우리의 역사는 이제부터 시작이다!"

우리도 똑같은 구호를 외칠 수 있습니다. 똑같은 작업을 시작할 수 있습니다. 우리의 역사가 이제부터 시작이기 위해서는, 역사의 주인공이 될 사람을 길러야 합니다. 사람을 사랑하고 사람에게 베풀고 사람을 길러내는 연습을 해야 합니다. 끊임없이 배우고 끊임없이 개혁하는 그들이 바로 애국자들이요 국가 기도자들입니다.

날마다 새로워지고 날마다 갱신되며 날마다 배워나갈 때, 우리의 역사는 이제부터 시작입니다. 위기에 처한 대한민국이 새로운 인재들과 더불어 다시 일어서기를 주님의 이름으로 축원합니다.

▲ 1968년 12월 21일 경부 고속도로 1단계 개통식, 샴페인을 뿌리는 박정희 대통령

"북한군이 우리 대통령 목을 따러 청와대 뒷산까지 왔습니다. 이런 황당하고 위태로운 상황에서 박정희 대통령은 무엇을 했을까요? 1968년 1월 22일, 박정희는 총소리를 들으면서 고속도로를 구상했습니다. 메모장에 손수 그림까지 그렸습니다. 그리고 바로 그 해에 민족의 대동맥, 경부 고속도로 건설을 시작했습니다."

▲ 이승만 대통령과 덜레스 미국 국무장관(왼쪽)

"더 이상 비참할 수 없는 한성 감옥에서, 더 이상 내려갈 수 없는 밑바닥 인생이었던 이승만이 민족의 예수 혁명론을 외칩니다. 그것이 꿈이 되고 비전이 되고 현실이 되어서 대한민국을 탄생시켰습니다."

칠전팔기의
대한민국

> 야베스는 그의 형제보다 귀중한 자라 그의 어머니가 이름하여 이르되
> 야베스라 하였으니 이는 내가 수고로이 낳았다 함이었더라
> 야베스가 이스라엘 하나님께 아뢰어 이르되 주께서 내게 복을 주시려거든
> 나의 지역을 넓히시고 주의 손으로 나를 도우사 나로 환난을 벗어나
> 내게 근심이 없게 하옵소서 하였더니
> 하나님이 그가 구하는 것을 허락하셨더라 (역대상 4:9-10)

    1206년 몽골 초원에 징기스칸의 제국이 세워졌습니다. 바로 그 해에 고려에서는 훗날 최고의 지식인이자 종교인이 되는 일연이 태어났습니다. 징기스칸의 건국과 일연의 출생이 같은 해에 이루어집니다.

    그것은 일연에게 비극적인 운명의 씨앗이었습니다. 몽골은 무려 일곱 번이나 고려에 쳐들어옵니다. 전 국토가 폐허가 되고 수많은 백성들이 떼죽음을 당했습니다. 그 참혹한 현장에서 일연은 평생을 보냅니다.

    몽골군은 닥치는 대로 죽이고 빼앗고 불을 질렀습니다. 세상을 태워버린 몽골의 불길에 경주에 있던 황룡사가 잿더미만 남기고 사라집니다. 황룡사는 우리나라 불교가 낳은 최고의 걸작이었습니다. 이만 오

천 평 되는 대지에 무려 17년 동안 건축을 해서 크고 화려한 절을 지었습니다.

그 벽면에는 신라 최고의 화가 솔거가 그림을 그렸습니다. 어찌나 잘 그렸는지 날아가는 새가 진짜 나무인 줄 알고 앉았다는 일화가 전해 내려옵니다. 황룡사에는 오늘날 "에밀레종"으로 알려진 성덕대왕 신종보다 4배나 큰 거대한 종이 있었습니다.

그리고 200여 명의 예술가들이 공동 작품으로 만든 9층 목탑이 있었습니다. 탑 안에는 부처의 몸에서 나왔다는 진신사리 100개가 들어 있었습니다.

그런데 찬란했던 황룡사가 침략자의 불길에 휩싸여 폐허가 되었습니다. 불타버리고 무너진 자리에 당대의 지식인이었던 일연이 찾아갑니다. 폐허마저도 사라져버린 들판을 그는 두 눈으로 똑똑히 목격합니다. 그리고 나이 70이 넘었을 때, 그는 홀연히 세상을 버리고 칩거합니다. 칩거하면서 집필에 몰두했습니다.

사랑하는 여러분, 일연은 무엇을 썼을까요? 그는 어떤 책을 저술했을까요? 그의 평생은 몽골에게 짓밟힌 세월이었습니다. 쫓기고 파괴되고 죽임을 당하는 피눈물 나는 현장을 그는 처절하게 목격했습니다. 몽골이 얼마나 잔인했는지, 그는 쓸 수 있었습니다. 몽골에게 빼앗긴 우리의 세월이 얼마나 안타깝고 비극적인지 그는 쓸 수 있었습니다.

그러나 일연은 그렇게 쓰지 않았습니다. 파괴된 현상을 쓰지 않고 파괴되지 않은, 아니 파괴될 수 없는, 무너지고 불타고 파괴되어버린 현상 속에서도 여전히 숨 쉬고 살아있는 원형(原形)을 일연은 기록했습니다. 그가 쓴 책이 우리 민족의 원형을 보여주는 책, 〈삼국유사(三

國遺事)〉입니다.

삼국유사의 주제는 불타버린 황룡사가 아닙니다. 그 대신 황룡사를 만든 우리 민족의 꿈을 이야기합니다. 삼국유사는 침략당한 고려를 말하지 않습니다. 그 대신 온갖 고난을 이기고 살아남은 우리 민족의 생명을 이야기합니다. 불타서 없어진 황룡사가 아니라 태워도 태워도 태워지지 않는, 우리 겨레의 꿈을 이야기합니다.

이어령(李御寧) 선생은 이렇게 논평합니다. "삼국유사야말로 한국인의 정신적 고향인 신화(神話)의 결정체이다. 삼국유사야말로 한국 민족의 신화성을 담은 가장 위대한 책이다."

삼국유사를 펼치면 제일 먼저 단군 신화가 나옵니다. 단군을 우상처럼 숭배하려는 움직임은 당연히 경계해야 합니다. 그러나 그 이야기가 전하는 우리 민족의 원형은 기억해야 합니다. 여러분이 잘 아시는 것처럼 신화에는 곰이 등장합니다. 곰이 사람이 되기 위해서 동굴에 들어갑니다.

마늘과 쑥을 먹고 햇빛을 보지 않은 채로 백일을 견뎌내지요. 어둠 속에서 쓴 음식을 먹으며 백일을 견뎌야 하는 고난을 인내하고 나서 곰은 비로소 여인이 됩니다. 그 여인이 우리의 어머니가 되는 웅녀(熊女)입니다.

수십 년 동안 강대국에게 짓밟힌 우리 민족에게 일연은 웅녀의 이야기를 들려줍니다. 빛이 보이지 않는 캄캄한 세월을 견디면서 마늘과 쑥처럼 쓰디쓴 고난을 겪어야 했던 동포들에게 일연은 똑같은 고난을 견뎌내서 마침내 아름다운 여인으로 변신한 웅녀의 이야기를 들려주었습니다.

일연이 무엇을 말했을까요? 그가 말한 것은 곰이 아니고 웅녀가 아니었습니다. 그것은 꿈이었고 희망이었고 민족의 생명이었습니다. 몽골에게 일곱 번 침략 당했지만 여덟 번째 다시 일어서는 칠전팔기의 민족정신이었습니다. 고난과 어둠과 쓰라림을 겪고도 여전히 살아남은, 아니 고난과 어둠과 쓰라림을 겪어서 더욱 아름다워질 수 있는 우리 민족의 혼이었습니다.

웅녀가 단군(檀君)을 낳습니다. 단군이 조선이라는 나라를 세웁니다. 본래 이름이 조선인데, 이성계가 세운 조선과 구분하게 위해서 고조선(古朝鮮)이라고 부릅니다. 조선의 수도가 아사달입니다. 아사달이란 아침이라는 뜻입니다.

얼마나 멋이 있습니까! 얼마나 감동적인 이야기인가요! 얼마나 극적인 역전과 반전의 이야기입니까! 어둠을 인내한 웅녀의 아들이 빛으로 가득 찬 아침의 나라를 세웠습니다.

그 어둠의 시대에 병들고 다치고 아픈 백성들에게 일연은 아침을 들려주었습니다. 길고 긴 어둠의 세월을 견뎌내고 찬란한 태양이 떠오르는 아침의 도시를 건설한 우리 민족의 꿈을 이야기했습니다. 우리는 고난에 굴복하지 않는다고, 어둠에 삼켜지지 않는다고, 오히려 고난과 어둠을 견뎌내고 아름다운 여인이 되며 찬란한 아침이 된다고 일연은 노래했습니다.

오늘날 한국을 "고요한 아침의 나라"라고 부릅니다. 우리가 아침의 나라인 것은 단군 이래의 길고 오랜 역사요 전통입니다. 우리 민족은 그 시초에서부터 어둠을 잉태하는 산모의 고통을 치른 뒤에 아침을 탄생시키는 아름다운 여인의 원형을 지녔습니다.

지난 일 년 동안 제가 가장 많이 들었던 질문이 있습니다. "언제부터 이승만을 연구하셨나요?", "어쩌다가 이승만에게 필(Feel)이 꽂히셨나요?", "어떻게 목사가 이승만에 대한 책을 쓰게 되었습니까?"

제가 5년간의 미국 생활을 마치고 한국에 돌아왔을 때 세상이 흔들리는 것처럼 보였습니다. 세계에서 가장 안전하게 관리되는 미국산 쇠고기를 먹으면 광우병에 걸린다는 거짓말이 수백만의 촛불로 타올랐습니다. 북한은 핵을 개발하지 않는데, 미국이 거짓말을 하고 있다고 대통령과 장관들이 핏대를 올렸습니다.

마르크스는 정의를 외쳤는데, 예수는 왜 침묵했느냐고 저의 제자들이 질문했습니다. 북한은 민족사의 정통성을 계승한 국가이고 대한민국은 친일파가 세운 나라요 태어나지 말았어야 할 나라라고 중고등학생들이 믿고 있었습니다.

5년 만에 돌아온 느낌은 '이러다가 나라가 망하겠구나, 공산화되겠구나, 아니 상당 부분 이미 적화(赤化)가 진행되고 있구나….'였습니다.

제가 생각을 많이 했습니다. '이런 상황에서 무엇을 할 것인가? 내가 할 수 있는 일이 무엇일까?' 저는 역사를 강의하기로 결심했습니다. '그러면 무슨 역사를 말할 것인가?' 한동안은 오염되고 왜곡된 역사를 고발했습니다. 역사를 후퇴시킨 잘못된 지도자들을 비판했습니다.

그러던 어느 날, 삼국유사를 지은 일연의 이미지가 저에게 영감처럼 다가왔습니다. 무너진 현상이 아니라 무너지지 않은 원형을 말하고 무너질 수 없는 꿈을 말했던 그의 모습이 내 눈앞에 펼쳐진 장면처럼 느껴졌습니다.

저는 일연이 걸었던 길을 오랫동안 생각했습니다. 일연의 길이 저의 이정표가 되었습니다. 휘청거리고 흔들리는 대한민국이 아니라 대한민국을 탄생시킨 한성 감옥의 꿈을 말하겠다고 저는 결심했습니다.

사형 선고를 받고 고문을 당해서 온 몸이 으스러진 이승만이 한성 감옥에서 예수님을 만납니다. 그때부터 예수만 믿으면 민족이 살아날 수 있다는 꿈을 가슴에 품습니다. 감옥에서 붓을 들어 기독교 입국론을 써내려갑니다. "대한 장래의 기초는 오직 예수교라, 예수교가 들어가면 민족의 활력이 솟구치나니, 대한 사람 살리는 새로운 물줄기는 오직 예수교라."

더 이상 비참할 수 없는 한성 감옥에서, 더 이상 내려갈 수 없는 밑바닥 인생이었던 이승만이 민족의 예수 혁명론을 외칩니다. 그것이 꿈이 되고 비전이 되고 현실이 되어서 대한민국을 탄생시켰습니다. 원래 이 나라가 어떻게 세워졌는지, 건국의 아버지들을 사로잡았던 영감은 무엇인지, 역사의 지평 위에 대한민국을 등장시킨 하나님의 섭리는 어떤 것이었는지 저는 미친 듯이 말하고 다녔습니다.

눈에 보이는 현상은 고통스러웠습니다. 경제력에 있어서 우리보다 백 분지 일이나 이백 분지 일밖에 안 되는 북한에게 끌려다니는 한심스러운 현상이었습니다. 멀쩡하게 생겨서 나라가 주는 온갖 혜택을 다 받고 자란 젊은이들이 종북 세력에게로 넘어가는 기가 막힌 현상이었습니다. 자유와 진보와 민주의 이름으로 동성애를 미화하고 포장하는 위선적인 현상이었습니다.

저는 그 현상이 아닌, 원형을 말하고 싶었습니다. 고문을 견디고 망국의 슬픔을 참고 전쟁까지도 극복하고 찬란하게 탄생한 대한민국의 원형을 책으로 썼습니다. 전국을 돌아다니며 사람 모인 곳을 찾아다니며 원형을 말했습니다. 원형을 들은 이들은 그들이 기억하는 원형을 다시 저에게 들려주었습니다.

인재를 키워낸 이승만의 꿈을 이야기했을 때, 백발이 성성한 학자가 날카로운 눈매에 눈물을 가득 담고 찾아왔습니다. "내가 이승만 대통령이 주시는 장학금을 받고 미국 가서 공부했어요. 그 어려운 시절에 나 같은 사람이 유학가고 미국에서 대학 교수까지 지낸 것은 이승만 박사 덕분이지요. 오늘 이승만의 이야기를 들으니 제 마음이 북받쳐서 견딜 수가 없어요. 소리를 지르고 싶은 심정이네요…."

민족을 품고 기도했던 이승만의 신앙을 말했을 때, 자그마한 할머니가 찾아왔습니다. "내가 어렸을 때, 정동 교회에서 예배드리는 이승만의 모습을 보았어요. 아주 옛날인데, 지금도 잊혀지지 않아요. 우리가 이만큼 사는 것은 건국 대통령의 공로이지요…"

종북(從北)이 휩쓸고 지나가는 세태에 격분했던 군인들은 저에게 말했습니다. "이승만은 누가 뭐래도 이 나라의 국부(國父)입니다. 반공포로 석방 같은 것은 보통 배짱으로는 할 수 없는 일이지요. 그 당시에 누가 미국에게 대들 수 있었겠습니까? 그런데 대한민국에 이승만의 동상 하나도 없습니다. 건국 대통령의 동상 하나 세우지 않는 나라가 지구상에 또 있습니까?"

늘 박수만 받았던 것은 아닙니다. 이 나라 국민들은 때로는 뜨거운 갈채로, 때로는 치열한 논쟁으로, 때로는 위험한 협박으로 저를 맞아주었습니다. 폭언을 퍼붓고 협박 전화를 하고 강연 도중에 소리치는 사람들도 있었습니다. 긍정이든 부정이든, 저의 인생에서 잊을 수 없고 후회할 수 없는 찬란한 시간들이었습니다.

세계를 정복한 몽골이 일곱 번이나 쓰러뜨렸습니다. 그러나 우리 민족은 여덟 번째 다시 일어났습니다. 그냥 일어선 것이 아니라 겨레의 기원을 밝히는 삼국유사를 손에 들고 신화와 역사를 가진 민족으로 일어섰습니다.

강대국들의 틈바구니에서 나라가 멸망해갈 때, 죽음의 문턱까지 갔던 이승만도 쓰러지지 않고 다시 일어섰습니다. 그의 손에는 성경이 있었고 그의 가슴에는 대한민국 건국의 꿈이 있었습니다.

일곱 번 넘어져도 여덟 번째 일어나는 칠전팔기의 역사가 고려를 지켰고 한국을 세웠고 이 나라에 번영을 가져왔습니다. 그 역사는 우리 현대사에 계속됩니다.

1960년대에 우리나라에 들어온 북한의 무장 공비가 수첩에다가 이렇게 적었습니다. "남조선 주민들은 정말 못 산다." 그때는 경제력이나 국방력이나 북한이 훨씬 강했습니다. 우리를 우습게 본 북한이 시도 때도 없이 쳐내려왔지요.

1967년에 북한의 군사도발이 100건이 넘었습니다. 1968년에는 127건이었습니다. 일 년이 365일인데 127번이나 무력 도발을 했습니다. 글자그대로 사흘이 멀다 하고 총질을 해댄 것이지요.

가장 대표적인 사건이 1.21사태입니다. 북한의 특수 부대가 국군 복장을 하고 서울 한복판까지 쳐들어왔습니다. 청운동 고개에서 총격전이 벌어지면서 무장 공비들이 청와대 뒷산으로 도망쳤습니다. 대통령이 앉아있는 청와대 뒷산에서 공비들이 총을 쏘아댔지요. 이때 유일하게 생포된 김신조 씨가 이렇게 말했습니다. "박정희 목을 따러 왔수다!"

북한군이 우리 대통령 목을 따러 청와대 뒷산까지 왔습니다. 이런 황당하고 위태로운 상황에서 박정희 대통령은 무엇을 했을까요? 그분이 남긴 유품 가운데 "1968년 1월 22일 오전 10시"라고 적혀있는 메모장이 있습니다. 뒷산에서 총소리가 들리던 바로 그 아침에 남긴 유품입니다.

　국가적인 위기의 순간에 박정희는 메모장에 무엇을 적었을까요? 글자를 적은 것이 아니라 그림을 그렸습니다. 그분이 남긴 그림에는 도로가 있고 가로수가 있고 인터체인지가 있습니다. 1968년 1월 22일, 박정희는 총소리를 들으면서 고속도로를 구상했습니다. 메모장에 손수 그림까지 그렸습니다. 그리고 바로 그 해에 민족의 대동맥, 경부고속도로 건설을 시작했습니다.

　일 년 365일 동안 127번이나 무장 공비들이 공격할 때, 박정희 대통령은 소극적이고 수비적이고 수세적이지 않았습니다. 오히려 공세적이고 공격적이고 적극적이었습니다. 북한을 막아내는 정도가 아니라, 북한을 아예 따돌려버릴 생각을 했습니다.

　북한과는 비교도 안 될 정도로 발전한 대한민국을 만들 꿈을 품었습니다. 그 꿈을 민족중흥의 기수 박정희는 총소리가 들리는 그 아침에 고속도로의 그림으로 그렸습니다.

　그 당시에 외국의 언론들은 우리나라를 가리켜 "자유의 방파제"라고 불렀습니다. 공산주의와 직접 맞붙은 최전선이라는 뜻을 방파제라고 표현했습니다. 박정희 대통령은 이 말을 싫어했습니다. 우리가 북한보다 못 살던 1966년에 박정희는 말했습니다.

　"혹자는 대한민국을 가리켜 자유의 방파제라고도 한다. 그러나 이런 비유를 받아들일 수 없다. 어찌해서 우리가 파도에 시달리면서도 그저 가만히 있어야만 하는 그러한 존재란 말인가. 우리는 전진하고 있다. 우리야말로 자유의 파도다. 이 자유의 파도는 멀지 않아 평양까지 휩쓸게 될 것을 나는 확신한다."

이것이 대한민국의 원형입니다. 이것이 대한민국의 정신입니다. 이것이 대한민국의 혼이고 얼입니다. 북한 눈치나 보고 김정일에게 갖다 바치기나 하는 것이 본래 우리 모습이 아닙니다. 한줌 밖에 안 되는 종북에게 휘둘리고 핵을 가진 김 씨 일가에게 협박이나 당하기 위해서 이 나라가 세워진 것도 아닙니다.

그것은 매국적인 대통령들과 종북 세력이 깽판을 쳐서 나라를 망가뜨린 현상입니다. 우리의 원형은 공산주의자들이 훨씬 강했을 때도 겁먹지 않고 굴하지 않고 평양까지 쓸어버릴 자유의 파도를 꿈꾸었던 불굴의 투지와 강인한 정신입니다.

야베스의 이야기는 칠전팔기의 기백을 보여줍니다. 오늘의 본문에는 그의 이름에 얽힌 사연이 소개되어 있습니다. 성경에서는 이름이 본질을 말하는 경우가 많습니다. 예를 들어서 하나님의 아들로 오신 분의 이름이 예수입니다. 예수라는 이름의 뜻은 "자기 백성을 저희 죄에서 구원할 자" 입니다.

예수라는 이름에 본질이 담겨있습니다. 그분이 이 땅에 오신 이유, 하셔야 할 일, 메시아의 정체성이 그대로 담겨있습니다. 예수님이 태어나신 곳의 이름이 베들레헴입니다. 베들레헴은 "떡집"이라는 뜻입니다. 요한복음에서 예수님이 무엇이라고 말씀하셨지요? "나는 하늘에서 내려온 신령한 떡이다."

떡을 한국식으로 말하면 밥입니다. 밥을 먹어야 육신의 생명이 유지됩니다. 마찬가지로 신령한 밥이신 예수를 믿어야 영혼의 생명이 유지됩니다. 그러면 생명의 떡이신 예수님이 어디에서 태어나셔야 할까요? 떡은 떡집에 있어야 합니다. 그래서 떡집이라고 불린 베들레헴에서 떡이신 예수님이 태어나셨습니다.

이름이 본질을 나타낸다는 관점에서 본문을 봅시다. "야베스"라는 이름에는 슬픈 운명이 담겨져 있습니다. 야베스의 어머니가 그를 낳을 때 극심한 고통을 겪었습니다. 의학이 고도로 발달한 지금도 아이를 낳다가 죽는 여인들이 있지요. 까마득한 옛날, 야베스가 태어날 때는 아이를 낳는 일이 훨씬 위험했습니다.

성경의 전후 문맥을 볼 때 아마 야베스를 낳으면서 혹은 낳고 얼마 되지 않아서 어머니가 세상을 떠난 것으로 보입니다. 그래서 그의 이름이 야베스입니다. 성경에는 그의 어머니가 고통스러워한 신음 소리가 담겨있습니다. "내가 수고로이 저를 낳았다, 내가 고생해서 아들을 낳았다."

대개 아이의 이름을 지을 때는 축복하면서 짓습니다. 잘되라는 뜻으로 이름을 짓고 행복하라고 짓지, 슬프고 고통스러운 뜻으로 이름을 짓는 일은 없습니다. 그런데 야베스의 이름은 죽어가는 어머니의 신음에서 나왔습니다. 얼마나 기구한 운명인가요? 그의 환경이 얼마나 불우한가요? 어머니의 신음과 고통과 죽음에서 지어진 아들의 이름이 야베스, 고통이라는 뜻입니다.

고통스러운 환경에서 태어나 이름도 고통이고 운명도 고통인 아이가 행복하게 살기는 어렵습니다. 아마 야베스는 고아로 자라났던 것 같습니다. 그런데 성경에서 야베스는 고통의 대명사가 아닙니다. 야베스를 소개하면서 베스트셀러가 된 책이 있지요. 책 제목이 무엇입니까? "야베스의 고통"인가요? 아닙니다. 정반대로 "야베스의 축복"입니다. 이름이 고통인 야베스가 오히려 축복의 대명사가 되었습니다. 그는 운명을 바꾼 인생 역전의 주인공이었습니다. 야베스는 어떻게 운명을 바꾸었을까요?

역대상 4장 10절을 보겠습니다. "야베스가 이스라엘 하나님께 아뢰어 이르되 주께서 내게 복을 주시려거든 나의 지역을 넓히시고 주의 손으로 나를 도우사 나로 환난을 벗어나 내게 근심이 없게 하옵소서 하였더니 하나님이 그가 구하는 것을 허락하셨더라."

야베스가 하나님께 기도했습니다. 운명을 바꾼 무기는 기도였습니다. 고통을 잉태하여 축복을 탄생시킨 비결은 기도였습니다. 지역을 넓혀주시고 환난을 벗어나게 하시고 근심이 없어지게 해달라고 야베스는 기도했습니다. 물질적인 고통과 심리적인 고통을 극복하게 해달라고 야베스는 기도했습니다. 그리고 하나님이 그 기도를 들으셨습니다.

역대상 4장 9절은 야베스를 다음과 같이 소개합니다. "야베스는 그의 형제보다 귀중한 자라."

야베스는 대단한 축복을 받았습니다. 얼마나 대단한가 하면 천덕꾸러기 고아가 귀중한 자가 될 만큼 대단합니다. 그리고 수백 년 수천 년이 지난 지금까지도 이어질 만큼 대단합니다. 땅을 달라고 기도한 야베스에게 하나님은 제일 좋은 땅을 주셨습니다.

그래서 오늘날 이스라엘의 시장에서 제일 비싸게 팔리는 가축이 "야베스산"입니다. 하나님이 얼마나 좋은 땅을 주셨는지, 야베스의 땅에서 풀을 뜯어먹고 길러진 소와 양이 지금까지도 최고입니다. 고통일 수밖에 없는 운명이어도, 고난일 수밖에 없는 환경이어도, 무릎을 꿇고 기도할 때, 고통과 고난이 역전되어 최고의 축복이 될 줄로 믿습니다.

사랑하는 여러분, 우리의 역사는 칠전팔기의 원형을 보여줍니다. 오늘의 본문은 칠전팔기를 이룰 수 있는 방법과 결과를 보여줍니다. 일곱 번 넘어져도 포기하지 않고 기도할 때, 축복을 손에 들고 다시 일어날 수 있습니다.

몽골의 침략으로 넘어졌지만, 우리는 삼국유사를 들고 다시 일어섰습니다. 조선의 멸망으로 넘어졌지만, 우리는 기독교 입국론의 꿈을 안고 대한민국으로 다시 일어섰습니다. 북한이 일 년에 127번이나 쳐내려왔지만, 우리는 한강의 기적으로 다시 일어섰습니다.

칠전팔기의 역사는 지금도 이어질 수 있습니다. 칠전팔기의 원형은 지금도 복원될 수 있습니다. 북한이 핵으로 위협하지만, 휘청거리던 대한민국은 자세를 가다듬고 다시 일어나 마침내 통일을 이룰 것입니다. 종북 세력이 나라를 흔들어대지만, 쓰러질 듯 쓰러질 듯 쓰러지지 않는 대한민국은 마침내 종북을 척결할 것입니다. 동성애 합법화로 나라를 망치려는 자들이 판을 치지만, 우리는 거룩한 대한민국으로 다시 일어설 것입니다.

칠전팔기의 땅 야베스에서 최고의 생산물이 나왔습니다. 마찬가지로 칠전팔기의 대한민국에서 최고의 영적인 명품들이 나올 줄로 믿습니다. 공산화를 막고 종북을 척결할 우리의 기도는 역사적인 명품이 될 것입니다.

동성애를 막고 거룩한 나라를 이룰 우리의 기도는 세계적인 명품이 될 것입니다. 오천 년 짓밟힌 약소국을 세계 선교를 주도하는 동방의 성민(聖民) 코리아로 변화시킬 대한민국 국가 기도자들의 기도는 하나님 나라의 명품이 될 것입니다.

야베스산 가축이 최고가 된 것처럼, 한국산 기도와 한국산 신앙과 대한민국 국가 기도자들이 만들어낸 거룩과 애국이 하나님이 인정하시는 최고가 될 것입니다.

사랑하는 여러분, 기도로 국가의 운명을 바꾸며, 기도로 거룩한 대한민국을 세우고, 기도로 예수 한국, 통일 조국을 이루는 가슴 벅찬 사명이 저와 여러분에게 주어졌습니다.

거듭 강조하지만, 우리의 묘비에 새길만한 가문의 영광입니다. 오늘도 칠전팔기의 기백으로 밤을 불살라 기도하며 영광의 길을 걸어가는 국가 기도자들이 되시기를 주님의 이름으로 축원합니다.

칠전팔기의 대한민국

1판 1쇄 발행	2014. 1. 3
3판 1쇄 발행	2018. 10. 25
저　　자	이호
발 행 인	이호
표지디자인	강해진
편집디자인	강해진
교　　정	김성훈, 김창대
펴 낸 곳	자유인의 숲
주　　소	서울특별시 중랑구 상봉로 131, B동 1301호
도 서 문 의	010-6801-8933, 010-8901-2920
등 록 번 호	2018년 9월 21일 제 2018-05호
ISBN	979-11-962349-8-0　 03230

이 책의 내용을 쓰고자 할 때는 저작권자와 도서출판 '자유인의 숲'의 허락을 받아야 합니다.

거룩한 대한민국 네트워크

홈페이지 www.holykoreanet.com
페이스북 www.facebook.com/holykoreanetwork